Peter Bergmann

Das Massengrab hat Hunger

Krimiparodie

Impressum
Das Massengrab hat Hunger

Fall Nr. 2 der Reihe „Privatdetektiv Jingle Bell"

Krimiparodie
Autor: Peter Bergmann
Kontakt: www.peter-bergmann.at

© 2015 by Peter Bergmann. All rights reserved.

ISBN: 978-3-9504215-1-4

Weitere Bergmann-Krimis

Privatdetektiv Jingle Bell 1:
Die Leiche ist halb durch – Krimiparodie

Kärntner Mordsbullen 1-5
Der Berufserbe – Chefinspektor Falks Sündenfall
Der gelbe Gladiator – Chefinspektor Falks Fingerfall
Die Melodie der Walnuss – Chefinspektor Falks Hexenfall
Club der Harlekine – Chefinspektor Fuchs in Wien
Die blutige Puppe – Chefinspektor Fuchs auf der Jagd

Das Möbiusband – Chiara Fontana – Fantasy-Thriller
Dicke Liebe – Irrwitzige Kriminalstories
Tore des Bösen – Kärnten-Thriller

Der Luftballon hat Flöhe

Es klopft. Ich rufe „Herein" und glaube gleich darauf nicht recht zu sehen. Ein Luftballon betritt mein Büro. Ein Luftballon, der auf einem Bierfass angebracht ist. Ein roter Luftballon mit aufgemaltem Gesicht. Das Bierfass sehe ich nicht genau. Es steckt in einem Maßanzug aus Seide, trägt eine Ledermappe unter dem Arm und eine gepunktete Krawatte um den Luftballonanschluss. Eine unmögliche Krawatte.
Als Detektiv erlebt man allerhand und ist rundum abgehärtet, doch ein Bierfass mit Krawatte plus Luftballon sprengt auch meine Alltagserfahrungen. Ich überlege eben, wie man diese Art Luftballon wohl behandelt, da spitzt der die Lippen und beginnt zu sprechen. Ich bin baff.
Der Luftballon, der mit gespitzten Lippen aussieht wie ein pfeifender Luftballon, sagt: „Ich bin angemeldet. Mein Name ist Gerstenkorn."
Das, meine Lieben, überrascht mich noch mehr!
Vor einer halben Stunde rief eine Sekretärin an, die einen dringenden Termin für ihren Chef verlangte. Ich spendierte ihm einen. Von einem Luftballon war dabei nicht die Rede, aber sehr wohl von einem Gerstenkorn – der Name des Chefs der Sekretärin.
Jetzt fällt bei mir endlich der Groschen!
Der Luftballon ist nichts anderes als der Kopf vom Chef! Demnach muss das Bierfass im Maßanzug der Körper vom Chef sein. Das beruhigt mich. Ein echtes Bierfass würde niemals eine so geschmacklose Krawatte tragen.
Der Chef hat es sehr eilig. Er setzt sich in den Besuchersessel, öffnet die Mappe und nimmt drei Blätter heraus. Die streckt er mir entgegen.
„Lesen Sie!"
Ich bin noch ziemlich durcheinander, weil ich daran denken muss, dass ich im Park gerne auf die Luftballons der Händler schieße, um in Übung zu bleiben. Der Chef ist mir dabei zum

Glück noch nie über den Weg gelaufen.
Ungeduldig wiederholt er: „Lesen Sie schon, das ist am einfachsten."
Auf dem Deckblatt steht ein Aktenzeichen, keine Überschrift. Ich schüttle meine Verwirrung ab und beginne zu lesen.

Fall 1, Sugo-Werke, 12.01.20..
Ein Unbekannter entfernt die Hauptsicherungen, beschmiert die Sicherungshalterungen mit EWIG-KLEB (Produkt der Sugo-Werke) und schraubt sie in die Fassungen zurück. Dauer der Reparatur: sieben Stunden.
Anzeige wegen Sachbeschädigung. Kein Ergebnis (im Folgenden: K. E.)

Fall 2, ULIBA-AG, 14.02.20..
Drei Hähne der Wasserversorgung werden mittels eines Hebels abgedreht, Gewinde und Armaturen zerstört.
Reparaturdauer: fünf Stunden.
Anzeige, K. E.

Fall 3, Farnkraut & Co, 05.04.20..
Mehrere Abwasserrohre werden durch eine quellende und rasch härtende Kunststoffmasse verstopft (Produkt von Farnkraut & Co). Erzwungener Stillstand aller Anlagen: zwei Tage. Anzeige, K. E.

Fall 4, Dufty-Chemie, 20.04.20..
Ein vorsätzlich herbeigeführter Kurzschluss im computergesteuerten Mischkessel kann erst nach zwei Tagen behoben werden.
Anzeige, K. E.

Die Liste umfasst weitere Punkte. Acht Unternehmen sind von den Sabotageakten betroffen und die Störenfriede lieben Abwechslung. Spezialwerkzeuge verschwinden, Feuermelder geben falschen Alarm, Stinkbomben explodieren, Skalen und

Messinstrumente werden mit Lack beschmiert.
Zweimal tauchen Tausende von Flöhen und Wanzen in den Fabriken auf. Ich muss grinsen. Wahre Flohinvasionen! Plötzlich weiß ich, warum die Hände des Luftballons ständig in seinem Anzug verschwinden und kratzen! Gerade jetzt wieder.
Das ist zu viel! Ich kann nicht anders, ich lache laut los. Der Chef findet es nicht lustig. Er schnaubt beleidigt und starrt mich böse an. Ich versuche mich erneut auf die Liste zu konzentrieren, und mit viel Mühe gelingt es mir.
Die aufgezählten Fälle haben drei Gemeinsamkeiten: den Produktionsausfall, die Anzeige und den Vermerk K. E. – Kein Ergebnis.
„Tut mir leid wegen vorhin", sage ich schließlich. „Es hat mich übermannt. Zu welchem Verein gehören Sie eigentlich?" Er ist immer noch eingeschnappt, seine Stimme verrät es.
„Ich bin Generaldirektor der ULIBA-AG. Die Liste ist übrigens nicht vollständig. Meine Sekretärin arbeitet daran und sie muss viele neue Daten einfügen. In den letzten Wochen ist eine Menge geschehen. Unbestellte Schotterfuhren werden vor Fabrikstoren abgeladen, Lieferanten erhalten fingierte Stornierungen und Bestellungen, Gläubiger und Banken werden verunsichert, erstmals sind sogar anonyme Bombendrohungen eingegangen … Uns ist der Kragen geplatzt!"
In dem Augenblick springt tatsächlich sein oberster Hemdknopf ab, weil die Würstchenfinger fünf flinke schwarze Punkte den Hals hinab verfolgen. Ich darf nicht hinsehen! Er schlägt mit der Faust auf die Sessellehne. Üblicherweise mag ich das nicht, aber der Chef hat so viel Ärger, dass ich ihm verzeihe.
„Jawohl! Der Kragen geplatzt! Man kann sich nicht alles gefallen lassen. In einer Krisensitzung beschlossen wir, es mit einem Privatdetektiv zu versuchen. Man hat Sie empfohlen. Ich bin nicht sicher …"
„Das hat schon seine Richtigkeit", behaupte ich schnell und

blicke angestrengt zur Decke, weil er gerade eine wilde Verrenkung produziert, um an seinen Rücken zu gelangen.
„Einen Besseren als mich gibt es in der Stadt nicht. Wahrscheinlich gibt es überhaupt keinen Besseren. Ich gratuliere Ihnen. Wer ist übrigens ‚wir'?"
„Wir? Ach so. Ich meine damit unseren Verband, den Verband der örtlichen chemischen Industrie. Ich bin sein Vorsitzender."
Der Luftballon ist stolz. Ich überfliege noch einmal die Sabotageliste.
„So was!", sage ich. „Ich bin nur einfaches Mitglied der rätselratenden Berufsdetektive, und gerade bin ich auf ein großes Rätsel gestoßen. Wenn Ihre Aufzeichnungen stimmen, ereignete sich der erste Anschlag vor mehr als sechs Monaten. Seither geht es rund. Wie kommt es, frage ich mich, dass weder der Schwätzerexpress noch der Klatschbote noch die Gerüchtepost darüber berichtet haben? Die sind doch sonst hinter jeder Neuigkeit her wie Heinrich VIII. hinter dem Schnaps."
Heinrich VIII. ist der Kater meines Tantchens und hat ein Alkoholproblem.
„Eben", sagt der pfeifende Luftballon. „Eben deshalb haben wir eine schöne Stange Geld gezahlt, um übereifrige Reporter einzubremsen. Uns liegt nichts daran, diese Dummheiten aufzubauschen. Das schadet dem Image."
„Vor allem dem Image der Polypen", werfe ich ein. „Schließlich ist es deren Schuld, wenn hinter allen Anzeigen K. E. steht."
Schon während des Redens merke ich, dass dieses Thema dem Chef überhaupt nicht passt. Er windet sich wie ein Aal, was für ein Bierfass bestimmt nicht leicht ist.
„Ach die Polizei", wiegelt er ab. „Die Polizei tut doch, was sie kann. Sie verfolgt diese und jene Spur. Es ist eben Pech, wenn nichts dabei herauskommt. Warum soll nicht auch die Polizei einmal Pech haben dürfen?"
Hoppla! Das ist ja ein Schlager! Ich habe schon Hunderten

von Leuten zugehört, die sich über die Polypen beklagten, sie beschimpften und verfluchten bis ins zehnte Glied. Das ist normal. Aber wenn ein Opfer das Schweigen der Presse kauft und gleichzeitig die armen Bullen verteidigt, dann ist das nicht normal. Das ist neu, das ist ganz neu, das ist faul! Und damit will ich nichts zu tun haben.
„Hat mich sehr gefreut", sage ich darum. „Bis zum nächsten Mal, Chef. Sie kennen den Weg ja."
Er starrt mich mit hervorquellenden Augen an. Einen Moment lang bekomme ich Angst um den Luftballon, bis ich mich erinnere, dass es sich ja nur um den Kopf vom Chef handelt.
„Wie meinen Sie das?", stottert er.
„Ganz einfach", erkläre ich. „Ich meine: Auf Wiedersehen. Ich bin zwar Berufsrätselrater, aber für Kunden, die mir selbst ein Rätsel sind, löse ich prinzipiell keine."
„Was?"
„Für einen Chef sind Sie reichlich schwer von Begriff. Ich sage, Sie verschweigen mir etwas und da mache ich nicht mit."
Das geht ihm unter die Gummihaut. Außerdem attackiert ihn gerade eines seiner Tierchen an einer schlecht erreichbaren Stelle, und es bleibt ihm nichts übrig, als auf dem Sessel hin und her zu wetzen wie ein Huhn im Sandbad.
Ich muss wieder grinsen und sage: „Ein Vorschlag zur Güte, Chef. Sie erzählen mir alles, aber wirklich alles, und dann werde ich sehen, ob ich Ihnen helfen kann."
Er lächelt gequält. Das ist ein umwerfender Anblick! Nun weiß ich, dass ein lächelnder Luftballon mindestens zehnmal wertvoller ist als ein pfeifender.
„Also gut", brummt er. „Wir sind in einer unmöglichen Situation!"
Dann legt er los.
Für einen Außenseiter ist die Lage nicht ganz leicht zu verstehen – jedem wird klar sein, warum, wenn er erfährt, dass es sich um eine politische Angelegenheit handelt.
In einigen Wochen soll gewählt werden. Der Luftballon und

seine Freunde sind stockkonservativ und legen großen Wert darauf, dass sich an den Verhältnissen im Rathaus nichts ändert. Deshalb schonen sie auch die Bullen, obwohl sie ihnen am liebsten die Köpfe abreißen würden. Aber ein Versagen der Polizei würde auch dem jetzigen Bürgermeister schaden. Daher die Zurückhaltung des Luftballons und seines Verbandes. Dazu kommt, dass das chemische Gewerbe ein bisschen in Verruf geraten ist. Ganz zu Unrecht, beteuert der Luftballon. Ich habe einiges gelesen und gehört und habe meine Zweifel. Einer der Betriebe stößt beispielsweise wöchentlich eine große Gaswolke aus. Die Leute in seiner Umgebung laufen dann tagelang mit tränenden Augen herum. Man nennt es das weinende Viertel.
Ein anderes Beispiel: Einmal führte ein betrunkener Chauffeur eine Pensionistengruppe zum Baden an den Fluss. Er irrte sich im Weg und schickte die betagten Leutchen stromabwärts der Säurefabrik ins Wasser. Man hat keine Spur mehr von ihnen gefunden. Die Erben beruhigten sich rasch und der Chauffeur kam mit einem Verweis davon, aber manchen Bürgern schlagen solche Vorkommnisse auf den Magen. Besonders den Sportfischern, die seit Jahren nur Gräten aus dem See ziehen. Fische ohne ein Gramm Fleisch am Leib, die kann man kaum in der Suppe verwenden, und die wenigen, die es doch taten, sind an schweren Vergiftungen erkrankt. Nun mag man der Meinung sein, einige Sportfischer mehr oder weniger fielen nicht sehr ins Gewicht. Da ist bestimmt was Wahres dran, doch sind auch andere Berufsgruppen betroffen. Weinbauern können ihre Trauben nur mehr der Armee verkaufen, die destilliert daraus einen Kampfstoff. Die Spirituosenhändler klagen ebenfalls. Wer kauft denn Hochprozentiges, wenn er schon vom Leitungswasser blau wird?
Wie dem auch sei, die chemische Industrie hat keinen allzu guten Ruf, und das ist laut Luftballon der Grund dafür, warum sogar befreundete Politiker sie jetzt mit ihrem Sabotageproblem im Regen stehen lassen. Trotzdem sind

diese Politiker dem Chef und seinen Freunden viel lieber als alles, was nachkommen könnte. Er sagt, dass er diese Leute eben kenne, und dabei lächelt er in sich hinein. Wer dieses Lächeln gesehen hat, versteht schon, was er damit meint.
Dann erzählt er, was sein Verband alles getan habe, um sich gegen die Saboteure zu wehren. Der Werkschutz läuft bis an die Zähne bewaffnet herum, ausgerüstet mit so komplizierten elektronischen Geräten, dass nicht einmal der Produzent sie zum Funktionieren bringt. Eben das Modernste vom Modernen, darauf sind sie sehr stolz.
Leider ist der Nutzen gering geblieben. Einige Leute wurden gestellt und erschossen, aber es waren die falschen. Steuerprüfer, Gewerbeinspektoren, harmlose Passanten …
Bevor der Luftballon mir den Grund für das Versagen der Abwehrmaßnahmen verrät, besteht er darauf, dass ich auf seine Bibel schwöre, nie auch nur ein Sterbenswörtchen von dem Gehörten auszuplaudern. Er hat tatsächlich eine Bibel dabei. Ich tue ihm den Gefallen und leiste den Eid.
Er zerquetscht nun sogar einige Tränen. Das liefert mir den Beweis, dass ein weinender Luftballon noch um vieles besser ist als ein lachender.
Dann rückt er mit seinem Geheimnis heraus: In den Betrieben gibt es Verräter! Kerle, die ihre Arbeitgeber hintergehen und den Saboteuren Informationen übermitteln! Der Luftballon schluchzt nun ganz offen über so viel Schlechtigkeit.
Trotz peinlichster Untersuchungen mit Dutzenden gebrochenen Fingern und Nasen konnte keines der Ungeheuer entlarvt werden. Noch schlimmer: Das Betriebsklima verschlechterte sich, die Suche musste abgeblasen werden. Er verbietet mir gleich, diese Spur wieder aufzurollen. Schon jetzt trägt ein Großteil seiner Angestellten eine Hand oder die Nase in Gips und das behindert die Produktion. Ich schlage Tritte gegen die Schienbeine vor, aber er winkt ab. Das wäre nur eine weitere Ausrede zum Zuspätkommen. Außerdem gibt es einen anderen Weg. Und nun folgt der ganz große Knüller: Der Luftballon knirscht mit den Zähnen!

Wer einen lachenden gesehen hat, wird den pfeifenden
vergessen und wer den weinenden kennt, den lachenden. Aber
wer einen Luftballon mit den Zähnen knirschen sieht ...
Was soll ich sagen? Nur so viel: Das ist der Höhepunkt
schlechthin. Darüber gibt es nichts mehr.
Ich bin so begeistert, dass ich gar nicht verstehe, was er mir
erzählt. Er muss es wiederholen, und jetzt bin ich tatsächlich
perplex vor Überraschung. Der Luftballon behauptet nämlich
allen Ernstes, die Saboteure oder zumindest deren
Hintermänner zu kennen! Er kennt sie, doch er kann nichts
gegen sie unternehmen, weil er keine Beweise hat. Darum
knirscht er mit den Zähnen, wann immer er daran denkt. Und
er denkt oft daran. Seine Zähne seien nur noch halb so lang
wie zu Beginn der Affäre, sagt er, und ich glaube ihm. Ich
muss ihm glauben, er zeigt sie mir. Es sind nur noch
Stümmelchen, mit denen er knirscht. Schließlich fasst er sich
und schildert auch diesen Teil der Geschichte. Ihr Anfang
reicht drei Jahre zurück. Damals ereigneten sich die Vorfälle
mit den Pensionisten und den Fischen, und kurz darauf wurde
eine Bürgerinitiative für Umweltschutz ins Leben gerufen. Ein
ziemlich lautstarker Verein, doch zunächst völlig wirkungslos.
Die Forderungen der Gruppe wären auch verrückt gewesen,
meint der Luftballon. Sie verlangte sauberes Wasser zum
Trinken, sauberes Wasser zum Baden, saubere Luft zum
Atmen und Ähnliches. Natürlich hat man sie von Beginn an
ausgelacht, denn letztlich richtet sich das alles gegen die
Freiheit der Wirtschaft. Aber eines Tages erschien dann Vic
Melloni, und seither hat sich einiges geändert. Vic Melloni ist
Anwalt, ein gefährlicher Bursche und verbittert dazu. Ehemals
war er Richter, doch diese Laufbahn wurde durch ein
Disziplinarverfahren beendet. Melloni wollte einen Kollegen
verurteilen, nur weil der auf einem Spielplatz geparkt hatte.
Verrückt genug. Außerdem konnte der Verteidiger des
Kollegen einwandfrei beweisen, dass sein Mandant viel zu
betrunken gewesen war, um den Unterschied zwischen
Spielplatz und Parkplatz zu erkennen. Und die Kinder hätten

wissen müssen, dass man beim Spielen aufzupassen hat. Dieser Melloni wurde daher als Richter rausgeworfen und sattelte selbst um auf Anwalt. Bald riss er auch die Führung der Bürgerinitiative an sich. Von diesem Augenblick an überhäufte er die Industrie mit Anzeigen und Klagen, und niemand wagt gegen ihn vorzugehen, weil er großen Einfluss in der Öffentlichkeit erlangt hat.
„Dieser Verbrecher!", knirscht der Luftballon. „Dieser verdammte Hundesohn! Er ist an allem schuld! Wenn er sich nun noch zur Kandidatur entschließt ... Gott behüte uns!"
Der Chef ist ganz sicher, dass die Saboteure in der Bürgerinitiative zu finden seien. Sogar wenn Melloni als Exrichter Bedenken gegen ihre Methoden haben sollte, nütze ihm das nichts. Aber er hat keine Bedenken, er will alle Gegner vernichten.
„Kreuzelende Anarchisten sind es!", brüllt der Luftballon so laut, dass die Scheiben klirren. Die Scheiben in dem Glaskasten für den Schnaps. Mein neues Büro hat Fenster, aber die bringt kein Orkan zum Klirren, so klein sind sie. Jedenfalls steckt der Karren im Dreck. Es ist ein schönes Dilemma!
Melloni will als Führer der Bürgerinitiative möglichst viel Wirbel verursachen, um als Bürgermeisterkandidat davon zu profitieren. Die Industrie würde ihn gern in seine Elemente zerlegen und sie im Salzstock endlagern, traut sich aber nicht, weil sie Angst vor seiner Kandidatur hat und noch mehr Angst vor einem Märtyrer des Umweltschutzes. Die Stadtregierung von Monakree fürchtet Melloni, das schlechte Image der Industrie und vor allem natürlich den Verlust ihrer gut gepolsterten Sitze für extrabreite Hintern. Und die Polypen tun nur das Allernotwendigste, weil sie nicht zuletzt als Sündenbock für alle Parteien herhalten möchten.
Ja, das ist alles in allem die Lage, zumindest aus der Sicht des Luftballons – und ich soll seine Wunderwaffe sein!
„Entlarven Sie diesen Melloni und seine Bande!", fleht er, und die Tränen laufen ihm bis in den geplatzten Kragen. „Sie sind

unsere letzte Hoffnung. Wenn der Kerl erst im Rathaus sitzt, ist es zu spät. Dann bleibt uns nichts mehr übrig, als auszuwandern. Wir müssten froh sein, das nackte Leben zu retten. Denken Sie an unsere Frauen und Kinder! Könnten Sie noch eine einzige Minute ruhig schlafen, wenn Sie ihr Schicksal in Armut und Fremde auf dem Gewissen hätten? Niemand könnte das! Lassen Sie uns nicht im Stich! Helfen Sie uns!"

Ganz im Ernst, wer brächte es fertig, hierauf Nein zu sagen? Andererseits ist das Risiko beträchtlich. Das Schlamassel scheint wie extra erfunden, sich daran die Finger zu verbrennen. Meine Finger stehen mir näher als seine Frauen und Kinder. Doch der Luftballon weiß, wie er mich rühren kann. Er zückt sein Scheckheft und schreibt, und sofort trägt die Sorge um mein Gewissen und meinen ruhigen Schlaf den Sieg über alle Bedenken davon. Um beides wäre es mit Sicherheit geschehen, wenn ich diesen Scheck ausschlagen würde!

Es ist ein von frischem Mut beseelter Luftballon, der gleich darauf mein Büro verlässt. Ich gebe ihm fünf Minuten Vorsprung, ehe ich zur nächsten Filiale seiner Bank laufe und den Scheck einlöse. Man kann nie wissen, vielleicht hat sich der Chef nur einen Scherz erlaubt und mir einen Riesenbären aufgebunden. Aber der Scheck ist in Ordnung. Ich spüre augenblicklich viel mehr Vertrauen zu dem Luftballon und trabe ins Büro zurück, um nachzudenken.

Ein Torpedo in meinem Fleisch

„Es ist eine knifflige Situation", erkläre ich eine Stunde später meinem Partner. „Wenn du nicht genau zuhörst, wirst du sie nie begreifen. Ehrlich gesagt: Ich bezweifle sogar, dass du sie begreifst, wenn du genau zuhörst."
Das ist keine Grobheit, es ist die reine Wahrheit, leider! Nur Theo sieht es anders. Insgesamt heißt er Theodor Euclepius Torpedo. Er ist das Letzte der Detektei Bell/Torpedo. Vorne stehe ich und daran wird sich mit Sicherheit nichts ändern.
„Schon gut", mault er, „wegen dem bisschen Zuspätkommen ..."
Mich packt momentan ein Gefühl tiefer Anteilnahme mit mir selbst. Es packt mich oft, wenn ich mit Theo rede.
„Keine Missverständnisse!", bitte ich innig. „Ich habe nichts dagegen, wenn du zu spät kommst. Je später du kommst, desto lieber ist es mir. Wir könnten es so einrichten, dass du kommst, wenn ich gehe, oder ..."
Er gähnt. „Welche knifflige Situation eigentlich?"
Es gehört zu seinen Angewohnheiten, mich zu unterbrechen, und es ist noch nicht seine schlechteste.
Ich erzähle ihm also haargenau, was ich kurz zuvor vom Luftballon erfahren habe. Dann warte ich gespannt.
Theo enttäuscht mich nicht. Er schüttelt verwundert den Kopf und sagt: „Kein Problem. Wir überführen Melloni, dann kann er nicht kandidieren."
„Mann!", staune ich. „Du hast es wirklich drauf."
„Klar", strahlt mein Partner. „Frag einfach mich, wenn du nicht weiterweißt. Wie heißt unser Klient eigentlich?"
„Gerstenkorn", sage ich, „Maximilian."
„Erinnert mich an Napoleon", meint er. „Mein Plan ist gut, was?"
Ich nicke bewundernd. Das ist Theo Torpedo.
Das Schlimmste ist, ich habe ihn mir selbst eingebrockt. Eines Tages tauchte die kleine Ratte unangemeldet in meinem Einmannbüro auf und fragte, ob ich Geld brauchte. Eine

dumme Frage, aber sie hat mich nicht gewarnt.
Natürlich brauche ich Geld, immer und immer dringend.
Allein mein neues grün-pink gestreiftes Seidensakko mit der Silberstickerei hat mich zwei Monatseinnahmen gekostet.
Meine Ausgaben folgen einem Naturgesetz, das sie die Einnahmen regelmäßig um die Hälfte übersteigen lässt. Ich war also neugierig, was mir der Kleine vorzuschlagen hat. Er sagte, er habe alle Jingle-Bell-Fälle verfolgt – wer's noch nicht weiß: Jingle Bell ist meine Wenigkeit – und ist zu der Ansicht gelangt, dass ich ein würdiger Partner für ihn sei. Ich für ihn, wohlgemerkt. Nicht etwa umgekehrt. Ich fragte, was er außer Kohle denn so mitbringe. Er erzählte ganz stolz, dass er seine Berufskenntnisse aus dem Besitz von 2.000 Kriminalromanen bezieht. Aus dem Besitz sage ich, gelesen hat er sie nicht.
Ich warf ihn hochkant hinaus, gar keine Frage!
Daraufhin steckte er den Kopf durch den Briefschlitz. Im Mund hielt er einen Zettel, auf dem eine schöne, runde Zahl stand – und zwei Wochen danach übersiedelten wir in dieses Büro. Seither steht Bell/Torpedo auf unserer Glastür.
Ich war zu gierig, das gebe ich zu, aber schuld ist er! Er kann den Kopf wirklich durch einen Briefschlitz stecken. Er hat alle Voraussetzungen, um ein Kaninchen bis in den Bau und durch den Notausgang zu verfolgen. Abgesehen vom nötigen Mut vielleicht.
Er ist 1,45 m groß, wiegt 42 Kilo und macht an seiner dicksten Stelle nicht mehr her als ein durchschnittlicher Oberschenkel. Er trägt Schuhe mit hohen Absätzen und nimmt den Hut nicht einmal ab, wenn er ins Bett geht. Und ins Bett geht er gern! Bei jeder sich bietenden Gelegenheit macht er das und immer in Gesellschaft. Er ist fixiert darauf, im Bett Gesellschaft zu haben. Den meisten Männern ist ihr Schönheitsschlaf wichtiger. Nicht Theo. Dem ist nichts wichtiger, gar nichts!
Während der großen Überschwemmung im Vorjahr gönnte er sich und seiner Gesellschaft nur eine Pause von 15 Minuten.

So lange braucht er, um eine Luftmatratze aufzublasen.
Keine Ahnung, was die Gesellschaften an dem Knirps so
schätzen – seinen Hut, oder gerade die Fixierung?
Im Übrigen habe ich nichts gegen ihn, solange er mich in
Ruhe lässt. Er lässt mich aber nicht in Ruhe, er ist mein
Partner. Ich kann ihn nicht hinauswerfen, weil ich ihn nicht
auszahlen kann, das ist es!
Sein Schreibtisch ist voll von hellblauen Visitenkarten, auf
denen sein lächerlicher Name steht und darunter:
‚Privatdetektiv!'
Mit Rufzeichen!
An sich durchaus verständlich – Detektiv klingt interessanter
als Vertreter für Armbanduhrenstundenzeiger. Das war er,
bevor er erbte und Detektiv wurde. Während der großen Zeit
der Digitaluhren hat er es teuflisch schwer gehabt. Jetzt habe
ich es teuflisch schwer. Ein schlechter Tausch. Immerhin weiß
ich, dass er gegen Digitaluhren allergisch ist. Ich trage an
jedem Handgelenk eine.
Theo strahlt immer noch über seinen genialen Vorschlag, er
kann nicht Gedanken lesen. Er muss sich ja auch im eigenen
Kopf mit nichts herumschlagen, das ihm als
Anschauungsmaterial für diese Kunst dienen könnte. Ich sage
ihm also, was er nicht lesen kann.
„Sperr deine Ohren auf", knurre ich. „Um Melloni zu
überführen, brauchen wir einen Beweis, dass die
Umweltschützer Sabotage betreiben. Wir brauchen ihn vor
den Wahlen, sonst muss der Luftballon mit seinen Frauen und
Kindern auswandern, klar?"
„Nein", sagt Theo mit gefurchter Stirn.
Ich habe die Antwort erwartet und fahre fort: „Deshalb wirst
du genau tun, was ich sage, ganz ohne Einschränkung."
Das hört er nicht gern. Sofort greift er zu seiner Likörflasche.
Das gehört auch zu seinen Eigenheiten. Er schlürft Liköre in
allen Farben, zu jeder Tageszeit. Hauptsache, sie sind bunt
und klebrig und verpesten die Büroluft. Nach dem Likör stößt
er einen Seufzer aus, doppelt so lange, wie er selbst groß ist.

In absoluten Zahlen bedeutet das nichts, aber relativ betrachtet ist es eine ordentliche Leistung.
Mich beeindruckt sie nicht. Ich nagle ihn mit meinem Blick fest, bis er widerstrebend murmelt: „Einverstanden. Wenn du es auf die umständliche Tour machen willst, machen wir es umständlich."
Ich erkläre ihm also, wie wir den Fall anpacken werden, genauer gesagt: was er in den nächsten Stunden zu tun hat. Ich will ihn nicht gleich überfordern, noch ehe die eigentliche Arbeit beginnt.
Theo wird der Bürgerinitiative beitreten. Er hat in den vergangenen Wochen zwar bündelweise Visitenkarten verteilt, aber ich glaube nicht, dass ihn jemand, er selbst ausgenommen, wirklich für einen Detektiv hält. Im Übrigen sind Bürgerinitiativen nicht so, die freuen sich über jedes neue Mitglied, die achten nicht auf Äußerlichkeiten.
Als kleiner Mitläufer soll mein Partner herumhorchen, Kontakte knüpfen und die Stimmung im Verein beobachten. Natürlich braucht er ein wenig Vorbereitung. Zu dem Zweck hat der Luftballon eine Broschüre hiergelassen – auch weil er beweisen wollte, dass er in seiner Ledermappe nicht nur drei Blätter Papier und eine Bibel spazieren trägt.
Die Broschüre stammt von Melloni höchstpersönlich. Sie ist auf umweltfreundlichem Papier gedruckt. So umweltfreundlich, dass es ganz rauchlos verbrennt. Der Luftballon behauptet es und er muss es wissen, denn er kauft jede Menge dieser Heftchen auf, nur um sie dem Feuer zu übergeben.
Sie enthalten nämlich eine Anklageschrift gegen die Sünden der chemischen Industrie.
Wenn es Theo gelänge, sich einen Bruchteil davon zu merken, wird er bei den Umweltschützern gute Aufnahme finden.
Mein Partner ist nach seinen ersten Bedenken begeistert, er rechnet vor allem mit Umweltschützerinnen. Ich denke, ich habe es erwähnt: Er ist fixiert.
Ich werfe ihm das Heftchen zu, und ich schwöre: Es ist reiner

Zufall, dass eine Ecke sein linkes Auge trifft. Aber so ist es im Leben. Ohne ein Quäntchen Glück gelingt einem gar nichts.

Polypenfischen

Der Bullenpalast, wie das Polizeipräsidium genannt wird, ist ein alter grauer Bau, der sommers wie winters so aussieht, als ob darinnen Regenwetter herrschte. Dementsprechend ist die Gemütslage seiner Bewohner, das weiß ich ganz gut – aber es nützt nichts, ich muss hinein. Der Luftballon hat mir ja einiges über die Bürgerinitiative erzählt, besonders über die Leute, die neben Melloni im Vorstand sitzen. Er drückte sich dabei sehr farbig aus, und er griff verdammt tief in die Farbtiegel.
So bunt können die gar nicht sein, denke ich, und um ein einfacheres Bild von ihnen zu bekommen, bin ich hier. Für einfache Bilder sind die Polypen gerade recht, die malen liebend gerne in Schwarz-Weiß.
Die Frage ist nur, ob sie mir ihr Album auch zeigen. Beim Herzeigen sind sie oft eigensinnig.
Ich gehe geradewegs in den zweiten Stock, wo mein Oberfreund, der Kriminalkommissar Butta, sein Büro hat. Er ist nicht anwesend. Auf einem Schild steht, dass er mit dem Polizeichor probe. Ich kenne das. In einer Plattenfirma, die sich dagegen nicht wehren kann, weil ihr Chef in zu vielen Akten aufscheint, produzieren sie vielstimmige Liedchen in der Art von: ‚Wie ich den bösen Knacker fing, mit meinem Handesschellenring'.
Der Reinerlös fließt in einen Fonds zugunsten in Ehren ergrauter Beamter.
Soviel mir bekannt ist, haben sie noch nie auch nur ein Stück verkauft, aber das schadet nichts, weil sie ja auch keinen in Ehren ergrauten Beamten haben.
Butta ist also bei der Probe, deshalb muss ich mich mit einem Referenten begnügen. Der Referent, ein junger Bursche, ist einer von denen, die einen Riesengewinn machen, wenn sie ihr Gewissen gegen die Blechmarke eintauschen.
Er sieht mich und verzieht sein Gesicht, doch er gibt mir die Hand. Das ist ein gutes Zeichen. Die Hand geben sie mir nur, wenn sie etwas von mir wollen oder gerade Waffenstillstand

herrscht. Wir haben seit Wochen nichts miteinander zu tun gehabt, also bedeutet es Waffenstillstand.
„Schönen Tag, Referent", sage ich. „Gut, dass du einen Haarschnitt wie eine glatt rasierte Bürste hast. Da kannst du gar nicht anders als mir ein offenes Ohr leihen. Ich möchte ein bisschen in euren Akten stöbern."
„Unmöglich", erwidert er gewohnheitsmäßig. „Das wäre gegen die Vorschriften."
„Ich meine alles, was ihr über die Bürgerinitiative habt", fahre ich fort. „Ich arbeite nämlich an einer ganz heißen Sache. Wenn ich etwas herauskriege, liegt es allein bei mir, wer von eurem Haufen als Erster davon erfährt."
„Kommt gar nicht infrage, Schnüffler", sagt er. „Von welcher Initiative redest du?"
„Umweltschutz", erkläre ich. „Vic Melloni."
Er stößt einen Pfiff aus.
„Die Sabotagesache, was? Das ist reines Dynamit, Bell. Spring mit dem Kopf voran in kochende Lava, es ist gesünder für dich. Aber vielleicht bekommst du ja endlich eine neue Haut, nachdem sie dir die alte abgezogen haben."
Ich lasse ihn reden, denn ich fühle, dass er reif zum Pflücken ist.
„Meine Worte, Referent", stimme ich deshalb zu. „Ich riskiere Kopf und Kragen, du riskierst gar nichts und könntest jede Menge Lorbeeren einheimsen. Du brauchst mir nur ein wenig gefällig sein, das kostet dich keinen Cent."
Jetzt beginnt seine Tagtraummaschine richtig zu laufen, man merkt es an dem trüben, nach innen gekehrten Blick und den feuchten Mundwinkeln. Ich lasse ihm eine Weile das Vergnügen, dann verdrehe ich seinen kleinen Finger, bis es kracht.
Er schreckt auf und fragt: „Du verständigst mich, Schnüffler?"
Ich nicke feierlich.
„Ehrenwort?"
„Großes Ehrenwort."
„Moment", sagt er und springt auf. „Das haben wir gleich."

Drei Minuten später liegt ein Papierstoß vor mir, hoch wie eine fünflagige Geburtstagstorte samt Kerzen.
Man muss den Kerlen nur den passenden Köder anbieten, schon zappeln sie am Haken, gefräßig wie junge Forellen.
Ich beginne mit der Arbeit und sammle eine Menge Daten. Seit ich die Meisterprüfung im Schnelllesen abgelegt habe, geht so was ruckzuck.
Der Referent hat bei der Polizei als Analphabet begonnen und verrechnet heute noch die Buchstaben, die er pro Tag bewältigt, als Sonderleistung. Bei meinem Tempo fallen ihm die Augen aus dem Kopf. Zum Glück ist er Brillenträger, das bewahrt ihn vor Schlimmerem. Als er seine Sehorgane wieder eingerenkt hat, bin ich schon fertig.
Ich trage ihm noch schöne Grüße für Butta auf. Das freut ihn sehr, weil er weiß, dass allein mein Name bei seinem Chef für hohen Blutdruck sorgt, und er sich Hoffnung auf den Posten macht. Vor einem Gehirnschlag ist ja niemand gefeit, nicht einmal der Kommissar, obwohl es ein Rätsel ist, wo der Schlag in seinem Fall hinzielen soll.
Der eifrige Referent erinnert mich mindestens dreimal an mein Versprechen und schüttelt mir so lange die Hand, bis ich sage, dass das seiner Karriere schaden könnte. Da lässt er rasch los, und ich kann endlich gehen.
Sechs Personen gehören dem Vorstand an. An der Spitze meiner Liste steht Vic Melloni. Ich bin entschlossen, mir alle sechs einzeln vorzuknöpfen, nur über die Reihenfolge bin ich mir noch nicht im Klaren. Um mein Wild ein wenig aufzuscheuchen, klappere ich zunächst alle Adressen ab und unterhalte mich mit Geschäftsleuten, Ladenschwengeln, Nachbarn und Zeitungsverkäufern. Sogar mit einem Zigarettenautomaten unterhalte ich mich, so in Fahrt bin ich.
Bei dieser Ausfragerei kommt natürlich nichts heraus. Wenn etwas dabei herausgekommen wäre, hätte es mich selbst am meisten überrascht. Aber ich kann im englischen Pub essen oder gleich Gift darauf nehmen, dass Vic Melloni und seine Getreuen Wind von meiner Tour bekommen und vielleicht

heute nicht ganz so gut schlafen. Darauf kommt es mir an. Unterwegs kippe ich da und dort ein Gläschen, um meine ausgefransten Lippen zu glätten, und auf diese Art bringe ich den Nachmittag herum und beschließe, gleich morgen Ernst zu machen.
Leider lässt es sich nicht vermeiden, am Abend noch einmal mit Theo zusammenzutreffen. Ich will wissen, was er erreicht hat, und wenn ich nicht Druck mache, verschwindet er in irgendeinem Bett und kriecht erst weiß Gott wann wieder heraus.
Theo stinkt wie eine lecke Likörfabrik, aber er ist anscheinend nicht allzu ungeschickt vorgegangen. Zumindest die Sekretärin im Büro der Bürgerinitiative hat ihn mit offenen Armen empfangen. Mein Partner ist jetzt jüngstes Mitglied von Mellonis Truppe und hat sogar einiges über den Aufbau der Organisation erfahren. Was er erfahren hat, klingt nicht ermutigend.
Die Umweltschützer arbeiten in kleinen Gruppen, nehmen Messungen vor und dergleichen, und der Kontakt zwischen ihnen ist gering. Es gibt eine Führungsstruktur, die darauf hinausläuft, dass letztlich jedes Vorstandsmitglied für eine Anzahl von Gruppen verantwortlich ist.
Ich bin davon überzeugt, dass bestimmt nur ein winziger Teil der Umweltstreiter mit der Sabotage zu tun hat – die Chance, das Wespennest von der Basis her auszuräuchern, ist deshalb klein; der Umstand, dass diese geringen Hoffnungen auf Theos schmalen Schultern ruhen, macht sie zweifellos nicht größer.
Morgen soll mein Partner an einer Versammlung teilnehmen. Ich schärfe ihm ein, Augen und Ohren offen zu halten. Auch wenn es leichtgläubig erscheint, hinter diesen Augen und Ohren etwas so Massives wie ein Netz zu vermuten, könnte ja doch eine Kleinigkeit hängen bleiben.
So hofft der Mensch, obwohl er es besser wissen müsste.
Theo haut ab und trifft sich mit Gesellschaft. Ich bin müde und fahre nach Hause. Tantchen diskutiert wieder bei einer

Talkshow mit, wie üblich vor dem Fernseher. Heinrich VIII. schnurrt laut, als er mich sieht. Wir nehmen gemeinsam einen Drink. Er will dann losziehen und sich nach Miezen umsehen, aber ich habe heute keine Lust mehr und gehe schlafen.

Ein Briefbeschwerer lernt fliegen

Ich wache auf und habe eine Kürschnerei im Mund. Meine Zunge ist pelzig wie ein winterlicher Eisbär. Ich begreife zuerst gar nicht, wo ich diesen handfesten Kater herhabe, bis ich Heinrich VIII. entdecke, der neben mir in Agonie auf dem Polster liegt. Sein Dampf hat ausgereicht für zwei. Besten Dank, so stelle ich mir das aber nicht vor. Erst nach drei Duschgängen fühle ich mich wieder halbwegs frisch. Ich werfe mich in den karierten Anzug, der laut Hersteller alle Farben einer RGB-Palette abbildet, frühstücke mit Tantchen Kaffee und Kuchen und mache mich auf den Weg.
Die Frage, welchem der Vorstände ich zuerst meinen Höflichkeitsbesuch abstatten soll, habe ich gestern noch zugunsten Maria Mauerblüms entschieden. Sie ist Lehrerin an der Abendschule. Klare Sache, dass sie als Umweltschützerin Naturkundevorlesungen hält. Wen sollte sie schützen, wenn sie Mathematik unterrichtete? Die positiven Zahlen vor den negativen? Nein. Und der Computer im Rechenzentrum schützt sich selbst. Aus dem Dieb, der einst seine rote Lieblingslampe stehlen wollte, machte er Lochkarten. Die betagte Mutter des Diebs erlitt während der Identifizierung im Leichenschauhaus einen Nervenzusammenbruch, so sehr schmerzte sie der Anblick. So jedenfalls schilderte den Vorfall das Hechelblatt, die seriöseste Zeitung der Stadt. Maria Mauerblüms Schicksal, im Polizeiakt nüchtern aufgezeichnet, hat es aber auch in sich. Achtmal war sie verlobt gewesen – achtmal musste sie den jeweiligen Kandidaten kurz vor der Hochzeit zu Grabe tragen –, immer spielte die Umweltproblematik dabei eine traurige Rolle. Das ist bitter, kein Zweifel.
Ein Verlobter war Radfahrer. Mitten im Stadtverkehr verlor er seine Schutzmaske. Bevor es ihm gelang, sie wieder anzulegen, fiel er tot um, erstickt an den Auspuffgasen. Ein anderer arbeitete in der Kanalisation. Er rutschte aus und stürzte ins Abwasser. Seine Kollegen bargen nicht weniger als

zwei Dutzend Teile von ihm, doch kein einziger überlebte die Katastrophe. Der dritte wurde von den Bullen erschossen, als er im Stadtpark demonstrierte und dabei den Rasen betrat. Gerechterweise muss man sagen, dass er selbst schuld war. Jeder weiß, dass im Stadtpark das Betreten des Rasens verboten ist. Den vierten erschlug ein sterbender Baum, der fünfte untersuchte das Verhalten entarteter Ameisen. Heute lagert er in den Vorratskammern seiner Studienobjekte. Auch den Nummern sechs bis acht widerfuhren vergleichbare Unfälle. Besonders tragisch für Maria Mauerblüm: Die Serie hat sich herumgesprochen und schreckt hoffnungsvolle Jünglinge gleich bündelweise ab. Durchaus verständlich daher, dass sie sich dem Umweltschutz verschrieben hat. Ich parke meinen vergreisten Käfer und betrete den Altbau, in dem sie wohnt. Es ist eines jener Häuser, in die man von der lärmerfüllten Straße eintritt wie in eine stille, kühle Gruft. In einem weit geschwungenen Oval führt eine Marmortreppe nach oben; schmiedeeisernes Geländer, Halbdunkel und muffige Gerüche begleiten sie. Natürlich gibt es keinen Lift. Meine Fälle führen mich regelmäßig in Häuser, in denen es keinen Lift gibt. Bis Tür Nummer 20 sind es gefühlte tausend Stufen. Kein großes Wunder, dass sich die Teerrückstände von unzähligen Glimmstängeln von meiner Lunge lösen. Ohne zu überlegen, spucke ich den Asphalt vor den Eingang von Nummer 19. Das tut mir sofort leid. Die Tür lässt sich bestimmt nie wieder öffnen. Hoffentlich sind die Bewohner außer Haus. Ich läute bei Nummer 20.
Mein Knopfdruck setzt die Symphonie für Kirchenglocken in Gang. Ich dröhne leise mit, bis sich Schritte nähern. Eine Messingklappe öffnet sich, an ihrer Stelle erscheint ein wundervolles, unschuldiges blaues Auge. Was für ein Auge, denke ich, was für ein außergewöhnliches, ganz und gar unschuldiges Auge! Eine Stimme, die bestimmt zu dem Auge gehört, sagt: „Was wünschen Sie? Ich kaufe nichts."
Normalerweise wäre ich beleidigt, packte das Auge und lehrte es, was es heißt, den besten Detektiv Monakrees für einen

Hausierer zu halten. Normalerweise, betone ich, denn diesem Auge gegenüber bin ich wehrlos. Jeder wäre angesichts dieses Auges wehrlos. Es tut mir schon leid, dass ich den Luftballon, der ganz anders empfindet, nicht mit einer spitzen Nadel zum Teufel gejagt habe. Jedenfalls wundere ich mich bestimmt nicht länger über die acht Exverlobten, ich wundere mich, dass es nicht viel mehr sind.
„Öffnen Sie!", flehe ich. „Ich muss das zweite sehen. Ich könnte nicht weiterleben, ohne das zweite gesehen zu haben."
Das Auge weiß genau, was ich meine, denn es lächelt. Dann betrachtet es mich eingehender und hört schlagartig zu lächeln auf. Tief in der Pupille beginnt es böse zu gewittern. Der Schlüssel dreht sich im Schloss, mit Schwung wird die Tür aufgerissen. Das Augenpaar blitzt nun gewaltig. Die Stimme fährt mich an.
„Sind Sie etwa der unverschämte Kerl, der überall herumspioniert? Bestimmt sind Sie es! Man hat Sie beschrieben. Was erlauben Sie sich?"
Herr im Himmel, welch ein Sturm tobt nun in diesen Augen! Beinahe verdunkelt er den Rest ihrer Erscheinung, aber eben nur beinahe. So viel Licht bei so wenig Schatten lässt sich nicht leicht verdunkeln. Muss ich ausführlicher werden? Nein. Sie ist ein Prachtstück von Mauerblüm. Und die Augen sind der Höhepunkt, Leute!
Ich packe sie sanft an den Schultern und schiebe sie zurück, bis wir in der Wohnung stehen und ich die Tür schließen kann. Ich glaube, sie merkt es gar nicht, weil sie so sehr damit beschäftigt ist, sich aufzuregen. Als ihr zwischendurch die Luft ausgeht, frage ich: „Wie war denn die Beschreibung, verglichen mit dem Original?"
Ich frage nicht aus Eitelkeit, sondern um sie auf hübschere Gedanken zu bringen.
„Besser", sagt sie jedoch nur schnippisch. „Nun erklären Sie endlich, was Sie von mir wollen und warum Sie in meine Wohnung eindringen."
Sie hat es also doch bemerkt.

Ich mache mein ernstes Gesicht mit den finster zusammengezogenen Brauen, das schon manchen Taifun in sich zusammenfallen ließ.
„Ganz ruhig, Gewitterauge", sage ich streng. „Ich bin gekommen, um Sie zu warnen. Acht Verlobte hin, acht Verlobte her. Wenn Sie mit der Sabotage weitermachen, werden Sie über kurz oder lang in einem schimmligen Kerker landen. Das wäre ein ungeheurer Verlust für den männlichen Teil der Menschheit, das können Sie mir glauben."
Sie atmet tief durch, das Gewitter verzieht sich, die reine Unschuld kehrt zurück. Also wirklich, diese Augen!
„Ich verstehe kein Wort", behauptet sie. "Wollen Sie sich nicht setzen?"
Ohne meine Antwort abzuwarten, wendet sie und geht den Flur entlang in ein angrenzendes Wohnzimmer. Auch wenn sie sich umdreht, bleibt der Anblick sehenswert. Ach was, sehenswert. Atemberaubend!, sage ich.
Ich bin tatsächlich nahe daran, meine Grundsätze und den Auftrag des Luftballons über Bord zu werfen und auf der Stelle um ihre Hand anzuhalten. Gegen solche Anwandlungen hilft nur harte Arbeit.
Ich folge ihr und registriere mit fotografischer Genauigkeit jedes Detail der Wohnung. Hohe Räume, hohe Fenster, im Sommer kühl, im Winter kalt; dunkelbraun glänzende Parkettböden, weiß gestrichene Wände und Decken; zwischen zwei Fenstern klebt mitleiderregend fehl am Platz ein zwergwüchsiger Zentralheizungskörper. Tantchen benützt das gleiche Modell. In der kalten Jahreszeit verwendet man es am besten zum Eiswürfelmachen – das ist nicht zum Weitersagen, Tantchen bildet sich ein, sie würde damit heizen. Allerdings glaubt sie auch, es sei normal, im Winter mit blauer Gänsehaut herumzulaufen. Andere Tiere wechseln auch ihre Farbe, sagt sie, warum nicht auch ich, bin ich ein schlechteres Vieh? Solche Fragen kann man nicht beantworten.
Die Lehrerin lässt sich in eine Sitzgruppe aus hellem Plüsch fallen, in dem sie bis weit über die Hälfte versinkt. Das ist ein

Jammer! Ich setze mich ebenfalls und lasse mich vom Stoff an den Ohren kitzeln. Hinter mir steht ein hohes, mit Büchern und Nippes vollgestopftes Regal. Ein schicksalhaftes Regal.
„Sie denken doch nicht wirklich", sagt sie, „dass ich etwas mit den Anschlägen zu tun habe?"
„Wer sonst?", frage ich zurück, „Vic Melloni?"
Aus der Traum! An ihrer Reaktion erkenne ich sofort, dass ich mit ebenso guten Erfolgsaussichten um Kommissar Buttas Hand anhalten könnte wie um die ihre. Sie hat ganz genaue Vorstellungen vom Verlobten Nummer 9 und ich würde Theos Ohren darauf wetten, dass der Kandidat ausgerechnet Melloni heißt.
Schon bei der Erwähnung seines Namens wird ihr Blick warm wie eine Heizlampe und ihre Stimme süß wie die Liköre meines Partners.
„Sie sind ein Idiot", sagt sie mit dieser süßen Stimme. „Vic ist durch und durch ein Ehrenmann."
Aber gleichzeitig wird sie nervös. Zuerst zittern ihre Hände, dann die Knie, schließlich der ganze plüschumrahmte Körper.
„Mir ist ein bisschen kalt", erklärt sie, doch ich weiß genau, dass sie lügt. Ihr ist nicht kalt, sie hat Angst, Angst um Melloni!
Um mich abzulenken, redet sie rasch weiter.
„Wer schickt Sie eigentlich zu mir mit diesem …, diesem Schauermärchen?"
„Der Luftballon."
„Der Luftballon?"
„Er heißt Maximilian Gerstenkorn, gehört aber zur Gattung der roten pfeifenden Luftballone."
„Oh!", macht sie und stellt das Zittern augenblicklich ein.
„Dieser Lügner! Dieser Verbrecher! Diese Laus! Sind Sie bei ihm angestellt? Dann kann ich Ihnen nur raten, schnellstens zu kündigen."
„Nicht angestellt, engagiert. Ich bin Privatdetektiv – der beste."
„Privatdetektiv?"

Sie fängt wieder ganz leicht zu zittern an, reißt sich aber zusammen und legt so viel Unschuld auf einmal in ihren Blick, dass man es gar nicht fassen kann. Diese Augen und das goldgelockte Haar herum, sie ist der reinste Unschuldsengel zwischen den Himmeln.
„Wissen Sie eigentlich", fragt sie, „für wen Sie da arbeiten? Wissen Sie, was dieser Giftmolch und seine Kumpane alles auf dem Gewissen haben? Wissen Sie, dass die Krebsrate in unserer Stadt dreimal so hoch ist wie im Landesschnitt und die Kinder mit grünen Haaren zur Welt kommen?"
„Na ja, das klingt schlimm", gebe ich zu. „Aber Haare lassen sich färben und man kann das Gesetz nicht einfach in die eigene Hand nehmen. Darum muss sich die Politik kümmern."
„Die Politik!", sagt sie, und in diesen zwei Worten liegt mehr Bitterkeit als in einem Kessel voll Galle. „Was meinen Sie, was unsere Politiker als Nachweis für den Zusammenhang zwischen Umweltverschmutzung und erhöhter Sterblichkeit verlangen? Nicht weniger als das Firmenlogo des schuldigen Unternehmens auf jeder Krebszelle."
Firmenlogos auf Krebszellen als Nachweis, man stelle sich das vor!
Doch ich bin nicht gekommen, um zu diskutieren, ich bin hier, um meine Aufgabe zu erfüllen. Sehr behutsam, wie der Luftballon beim Abschied gebeten hat, weil er möglichst wenig Aufsehen wünscht. Und ich bin behutsam.
„Wem ist geholfen", frage ich sanft, „wenn Sie in Ihrer Zelle langsam verfaulen? Und das werden Sie, verdammt! Ihre Reste spült man ungereinigt in den Fluss, das macht es auch nicht besser. Nein, so geht's nicht! Was immer Ihre Motive sind, Sie dürfen nicht einfach Flöhe und Wanzen und Saboteure in die Fabriken schicken, verstehen Sie?"
Der Unschuldsengel steht mit einem Ruck auf und schwebt zu einem Fenster. Was für ein Gemälde, denke ich, was für ein Motiv für einen alten Meister!
Ein in Licht getauchter Engel, im Hintergrund ein bröckelnder First mit bewegungslosen Tauben, noch weiter hinten der

Himmel, geschmückt mit Dunst und Rauch und einigen Sonnenstrahlen. Ich bin ergriffen.
Dazu tönt ihre bebende Stimme.
„Was könnte ich tun, damit Sie einsehen, dass ich von diesen Anschlägen nichts weiß?"
Dabei dreht sie sich langsam zu mir, und ich will nicht länger Jingle Bell heißen, wenn nicht in jedem ihrer Augen eine diamantene Unschuldsträne blinkt!
Das ist zu viel für mich. Es ist überhaupt zu viel, es ist zu dick aufgetragen. Diese schöne Lehrerin will mich mit Schmelz und Tränen umgarnen, aber das wird ihr nicht gelingen.
„Ein Wunder würde reichen", sage ich frostig.
„Sie glauben mir nicht!", jammert sie und kommt mit fließenden Bewegungen auf mich zu. „Fühlen Sie denn nichts? Es ist ein schöner Tag, die Sonne scheint, der Himmel ist fast blau. Woher nehmen Sie an solch einem Tag dieses unsinnige Misstrauen? Sie sind doch ein kluger Kopf."
Da hat sie recht. Teufel auch, die Dame versteht ihr Geschäft. Ich ginge gern bei ihr zur Schule.
Als sie ausgeredet hat, ist ihr Gesicht von meinem nur noch eine Handbreit weit entfernt, und in ihren Augen, hinter den Diamanttropfen und dem Schmelz, erkenne ich wilde Entschlossenheit. Mein Stuhl erhält einen Schubs und stößt gegen das Schicksalsregal. Im letzten Moment werfe ich mich zur Seite – da fällt schon ein Briefbeschwerer aus massivem Stahl genau dorthin, wo sich gerade noch mein Kopf befunden hat, und versinkt lautlos im Plüsch.
„Hoppla!", sagt sie erschrocken. „Er muss locker auf der Kante gelegen haben. Gott sei Dank sind Sie unverletzt."
Irre ich mich, oder schwingt da Enttäuschung mit? Was hat die Entschlossenheit in ihren Augen zu bedeuten gehabt? Wollte sie mich unter Einsatz aller körperlichen Mittel von ihrer Unschuld überzeugen oder mich unter Einsatz des Briefbeschwerers glatt beseitigen?
Ich weiß es nicht, aber im Grunde kann ich nicht glauben, dass dieser Himmelsaugenengel geplant haben soll, mich

kaltblütig umzubringen. Ich tauche mit der Hand nach dem Briefbeschwerer und hebe ihn hoch. Gute Güte ist das ein scharfkantiges und schweres Exemplar! Der hätte meinen Kopf auf handliches A5-Format zugerichtet, keine Frage. Wollte sie mich etwa in einem unfrankierten Kuvert an den Luftballon zurücksenden?
Sie liest mir diese Zweifel vom Gesicht ab und bricht in Tränen aus.
„Ich habe es doch nicht mit Absicht getan!", schluchzt sie. „Das dürfen Sie nicht glauben! Das nicht!"
„Aber alles andere wohl?", frage ich ruppig. „Wie steht es nun mit den Sabotageaktionen und Ihrer und Mellonis Beteiligung daran?"
Sie sagt nichts, birgt nur ihr Gesicht in den Händen und heult, dass das Wasser zwischen den Fingern herausspritzt. Ich empfinde keinerlei Lust, sie zu trösten. Mein Kopf, ohne den ich mir ein vernünftiges Weiterleben gar nicht vorstellen kann, ist schließlich nur um Haaresbreite davongekommen. Absicht oder nicht, hätte der Briefbeschwerer getroffen, käme es darauf nicht mehr an. Ich lasse eine Karte auf den Tisch fallen und gehe. Vielleicht tut ihr der Vorfall wirklich leid und sie ruft an. Aber ich glaube nicht daran. Diese Lehrerin ist in Melloni verknallt, todsicher, und deshalb wird sie ihn schützen. Beim Gehen ziehe ich unwillkürlich den Kopf ein. Wer weiß, was hier noch alles locker auf den Kanten liegen mag.

Karambolage mit Blei

In einem hat der Unschuldsengel recht gehabt. Es ist ein schöner Tag. Die Sonne scheint. Der Himmel ist fast blau. Ich kurble das Fenster herunter, strecke den Ellbogen ins Freie, schalte das Radio ein und fahre über die Stadtautobahn. Der Verkehr fließt zäh wie Honig. Viele Fahrer haben die Fenster runtergekurbelt, ihre Ellbogen ins Freie gestreckt und die Radios auf volle Lautstärke gedreht. Es klingt wie ein rollendes Konzert. Eben wird der Hit der Saison gespielt. Automatisch tanzt die Blechschlange in rhythmischer Rechts-links-Bewegung. Ein erhebender Anblick, nur einer spielt nicht mit. Entweder ist er taub oder er hat ein total verzerrtes Rhythmusgefühl. Einige ungehaltene Straßenkameraden zerlegen ihn samt Wagen und werfen die Reste über die Leitschiene. Das hat seine Ordnung, weil es sich auf der Höhe des Friedhofs abspielt. Ein Verkehrsbulle sorgt dafür, dass sich der kleine Stau schnell auflöst.
Ich biege nach Osten ab, auf eine der Straßen, deren Belag noch aus Kopfsteinpflaster besteht. Die Stadt will sich Reparaturkosten sparen und hat deshalb ein Schild ‚Wirbelsäulenteststrecke' aufgestellt. Dafür kassiert sie noch eine Subvention vom Gesundheitsministerium. Ich verstehe schon, dass der pfeifende Luftballon so clevere Leute mag. Vor 20 Jahren war diese Gegend noch Vorstadt. Jetzt hat sie selbst eine Vorstadt, eine Arbeitersiedlung. Wenn die Hausfrauen hier schnell Gemüse dünsten wollen, schrauben sie einfach ein Sicherheitsventil auf den Rauchfang und erhalten einen prima Druckkochtopf. Nur passt nicht viel Gemüse hinein, die Häuschen sind zu klein. In jedem Garten sitzt ein Kaninchen. Am Abend heben die Männer die Zäune hoch, damit sich die Tiere einmal umdrehen können.
Hinter der Siedlung folgen einige Äcker, auf denen violetter Mais wächst, dann beginnt das Areal der Sugo-Werke. Sam Sugo gehört der größte chemische Betrieb der Stadt, und gerechterweise hat er am meisten unter den Sabotageakten zu

leiden.
Ein meterhoher Zaun umschließt das Gelände. Oben sind Stahlspitzen mit vergifteten Widerhaken angebracht, alles steht unter Starkstrom. Da und dort erkennt man die verkohlten Überreste von Sonntagsspaziergängern, die sich zu nahe herangewagt haben.
Neben der Einfahrt steht ein Wächterhäuschen, rechts und links sind Maschinengewehre postiert. Von Zeit zu Zeit hört man Feuerstöße. Hinter den Absperrungen sieht man Hallen und Schornsteine, aus denen bunter Rauch hochwirbelt. Es ist ein hübsches Bild.
Unmittelbar an die Fabrik grenzt Major Quirisits' Grund. Er besitzt so viel davon, dass er darauf mit Panzerarmeen und Bomberstaffeln einen Krieg führen könnte, ohne die Nachbarn zu belästigen.
Sein Großvater besaß noch ein Stück mehr, nämlich genau das Areal, das jetzt den Sugo-Werken gehört.
Quirisits' Wiesen strahlen in sattem Indigoblau und die Kühe darauf sind smaragdgrün. Angeblich reicht ein Liter ihrer Milch, um tausend Kubikmeter Grundwasser zu verseuchen.
Eine Weile fahre ich an stacheligen Windschutzhecken entlang und suche eine Einfahrt. Stattdessen gerate ich auf eine vierspurige Privatschnellstraße, die von hohen Flutlichtmasten beleuchtet wird. Am helllichten Tag! Ich habe ja schon angedeutet, dass der Major kein Armer ist.
Ich folge der Straße einige Kilometer weit. Sie führt schnurgerade zu Quirisits' Villa. In dem Moment, in dem ich die Villa sehe, weiß ich, dass sie nur ‚Zur amputierten Pagode' heißen kann, denn genauso stellt sich jedermann eine amputierte Pagode vor.
Das obere Drittel des Pagodendachs ist nämlich flach abgeschnitten. Auf der so entstandenen Ebene wiegt sich ein Wäldchen 300-jähriger Eichen im Wind. Aus ihm bezieht der Major die Trüffeln, die er täglich isst.
Die Vorderfront und ein Teil der rechten Seite des Gebäudes sind von einer Holzveranda eingefasst, deren Dach von

antiken griechischen Säulen gestützt wird. Einer der Vorfahren des Majors hat sie anlässlich eines Vergnügungsfeldzuges aus Athen mitgebracht, wo seither Imitationen die Touristen täuschen.
Ich parke meinen Wagen und steige aus. Schon hüpfe ich eine Weile auf der Stelle. Ich habe vergessen, dass Quirisits wegen seines Rheumas eine besonders elastische Asphaltmischung bevorzugt, und bin zu fest aufgetreten.
Einige Dutzend Meter abseits der Pagode erstrecken sich riesige Stallungen. Ein altes Männchen kauert neben einem Heuwagen Louis' XIV. und poliert die goldene Deichsel. Ich rufe ihn an und frage nach dem Major. Er winkt und deutet auf die amputierte Pagode.
Der elastische Asphalt wirkt fantastisch. Mit einem einzigen Satz gelange ich auf die Veranda direkt vor die Pagodentür. Wobei Tür fast einer Beleidigung gleichkommt. Tatsächlich handelt es sich um ein wahres Prachttor. Wenn der Major nach dem Trüffelfrühstück die Darbietungen einer zehnköpfigen Elefantenballetttruppe sehen will, können die grauen Eleven bequem nebeneinander ins Haus marschieren. Sie fänden allerdings keine Türklingel, es gibt keine. Stattdessen hängt da ein gewaltiger Klopfring, geschmückt mit einem Greifenkopf aus purem Silber. Ich hebe ihn an und lasse ihn fallen. Mit diesem Ring könnte man ein modernes Bürohaus zum Einsturz bringen. Hier erzeugt er nur tosenden Donner. Am Zucken des Kondensstreifens eines Düsenjets merke ich, dass er sogar die Piloten in der Kanzel erschreckt hat.
Ich muss fünf Minuten warten, dann schwingt das Tor auf. Ein kleiner, magerer Mann mit dem Gesicht des Greifen auf dem Klopfring starrt mich aus wasserhellen blauen Augen ungnädig an. Er trägt Uniform und polierte Schaftstiefel und hält eine riesige Pistole in der rechten Hand, die schwarz und ölig glänzt. Ihre Mündung zeigt beiläufig auf mein linkes Knie.
Dieser Vogel ist Major Leo Quirisits. Aus dem Polizeibericht

weiß ich, dass er kein ständig anwesendes Hauspersonal duldet und manche Leute ihn als Sonderling bezeichnen.
Sein rechtes Augenlid zuckt unablässig, als ob es ganz für sich allein Rock 'n' Roll tanzte. Es ist arm dran, denn der übrige Major ließe sich bestimmt nie zum Tanzen herab. Ich beginne ebenfalls mit einem Lid zu zwinkern, ich tanze gern. Gelegentlich.
Der Major hat eine Stimme wie ein frisch geschliffener Säbel. Er fragt: „Wer sind Sie? Was wollen Sie?"
Ich fische eine Visitenkarte aus der Rocktasche und halte sie vor sein amusisches Auge.
„Das wäre das eine", sagt er. „Was wollen Sie?"
„Ihnen etwas zeigen, Major Greifenkopf."
„Dann tun Sie's!", faucht er.
Ich will nicht vor der Tür stehen bleiben, deshalb sehe ich ängstlich über meine Schulter, als ob mich eine Hundertschaft Spione verfolgen würde und flüstere: „Nicht hier."
„Quatsch!", schimpft er. Ich spüre aber, er hat schon angebissen und zögert nur noch ein bisschen.
„Quatsch!", brummt er noch einmal, dreht sich um und verschwindet im Inneren der amputierten Pagode. Das Tor bleibt offen. Ich folge ihm und gelange in eine dunkle Vorhalle, so warm und gemütlich wie ein frisch ausgehobenes Pharaonengrab. Der Boden ist aus Stein, an den Wänden hängen wuchtige Ölgemälde neben schwarzen schweren Teppichen. Das wenige Tageslicht dringt durch schmale Öffnungen, die knapp unter der Decke wie Schießscharten in die Mauer eingelassen sind. In der Mitte der heimeligen Bleibe hängt ein eiserner Leuchter, bestückt mit Dutzenden kerzenförmigen Glühbirnen, und neben dem Eingang lehnt ein Gewehrständer, der genügend Schießprügel enthält, um eine Revolution anzuzetteln und auch wieder niederzuschlagen.
Die Ölgemälde zeigen die Porträts von ungefähr 20 Greifenköpfen – das legt die Vermutung nahe, dass ich mich in der Ahnengalerie der Quirisits befinde.
Ich gehe dem Major nach, durch einen Gang, an einem

Treppenaufgang vorbei, bis wir in ein moderneres Zimmer gelangen. Spätes Mittelalter schätze ich. Durch große Fenster leuchten die indigoblauen Weiden, eine halbe Wand wird von einem offenen Kamin verschlungen, ein großer Tisch und einige Stühle bilden ein durch und durch hölzernes Ensemble. Auch hier baumelt das Porträt eines Greifenkopfs. Frauen scheint es in der Familie nie gegeben zu haben, ich kann es verstehen. Welche Frau brütet schon gerne Sagentiere aus? Der Major stellt sich neben den Tisch, die Kanone legt er weg, aber nicht weiter als fünf Zentimeter von seiner Hand entfernt. Er fixiert mich, als wollte er gleich hochschwingen und seine Fänge in meine Innereien schlagen, doch er tut es nicht, sondern sagt nur: „Also?"
„Sie plaudern so nett, dass ich es Ihnen gar nicht gern gebe", erkläre ich, ziehe aber gleichzeitig mein selbst getipptes Briefchen heraus und werfe es auf den Tisch. Es fällt genau richtig. Er liest, ohne den Zettel anzufassen. Dann sieht er mich misstrauisch an, liest ein zweites und gleich ein drittes Mal. Beinahe glaube ich, es sei der falsche Brief, denn auf meinem steht nur ein Satz. Er lautet:

‚Wenn Sie die Saboteure fassen wollen, wenden Sie sich doch an Major Quirisits.
E. F.'

Er liest noch ein viertes und fünftes Mal, ehe er seine Aufmerksamkeit wieder mir zuwendet. Dem tanzenden Lid nach zu schließen, hat die Kapelle an Tempo zugelegt. Ich kann damit nicht Schritt halten und stelle das Zwinkern ein.
„Was heißt E. F.?", fragt die Säbelstimme.
„Ich bin nicht sicher", sage ich. „Vielleicht bedeutet es: ein Freund."
„Quatsch", meint er. „Stimmt es, dass Sie irgendwelchen Saboteuren auf der Spur sind?"
Ich nicke.
„Hier werden Sie keine finden."

Mein Finger spaziert über die Tischplatte und tippt auf den Zettel.
„Und das?"
„Geschwätz! Dummes Geschwätz! Wahrscheinlich heißt es auch nicht ‚ein Freund', sondern ‚ein Feind'."
Unmittelbar nach dem letzten Wort beginnt der ganze Vogel zu tanzen und krächzende Laute auszustoßen. Ich bin überrascht, freue mich aber, dass das Lid doch nicht so einsam ist, wie ich gedacht habe. Dann begreife ich erst, dass der Major gar nicht tanzt, sondern lacht. Mein Gott, wie er lacht! Und das nur, weil er sein Wortspiel so originell findet. Es dauert eine Weile, bis er sich beruhigt hat und mich wieder böse anblinzelt.
„Sie haben von den Anschlägen gegen die Chemiewerke erfahren?", frage ich.
„Natürlich!", bellt er. Er kann auch bellen. „Die Sugo-Werke grenzen an meinen Grund. Deshalb bin ich beim Umweltschutz aktiv geworden. Sehen Sie sich die Wiesen an."
„Ein schönes Blau", sage ich. „Ich mag Blau. Trotzdem … Wer könnte der Absender dieses Briefes sein?"
Er wirft den Kopf zurück, wie es die Fischadler im Zoo bei der Fütterung machen. Ich trage keinen Fisch bei mir, nur eine Pfefferminztablette. Die werfe ich ihm zu, doch er ist nicht hungrig. Er spuckt sie auf den Boden und knurrt: „Der alte Drachen. Dem ist das zuzutrauen."
Langsam verwirrt mich die Menagerie.
„Welcher Drachen?"
„Frau", klärt er mich knapp auf. „Hausfrau. Hat zu wenig zu tun und will sich wichtigmachen. Ich war immer dagegen, dass sie dem Vorstand angehört. Bringt nur Unruhe. Stecken Sie den Wisch ein und zeigen Sie ihn ihr. Bin aber sicher, dass sie alles abstreiten wird. Passt zu ihr."
Ich krame in meinem Gedächtnis nach den Namen der Vorstandsmitglieder. Es kommt nur eines infrage.
„Sandra Verian?"

„Klar! Wer denn sonst?"
„Keine Ahnung. Warum sollte ausgerechnet die Sie anschwärzen?"
Der Greifenkopf schnaubt verächtlich.
„Platzt doch vor Neid, das Weib. Kann es nicht ertragen, dass ich reich bin."
Er hält den Kopf schräg und zwinkert mir beidäugig zu, wodurch das Tanzlid völlig aus dem Rhythmus geworfen wird.
„Wissen Sie, wie viel Grund ich besitze?"
„Genug zum Spazierenfliegen, denke ich."
Diesmal krächzt er unverkennbar freudig.
„Genau! Und das ist längst nicht alles."
„Ein Glück für die Erben", sage ich und stecke meinen Zettel wieder ein. „Sind sie schon geschlüpft?"
„Was?"
„Ob sie schon ausgekrochen sind", erläutere ich. „Die kleinen Greifen."
„Quatsch", sagt er. „Für wen arbeiten Sie?"
Ich erzähle ihm, für wen ich arbeite.
„Pfeifender Luftballon? Den kenne ich nicht. Ein Indianer?"
Seine Hand tastet automatisch nach der Kanone.
„Rotes Blut wird er haben", vermute ich. „Gewöhnlich nennt er sich Gerstenkorn. Er will das Kriegsbeil begraben und mit den Saboteuren die Friedenspfeife schmauchen."
„Großer Quatsch!", flucht der Major. „Meinetwegen sollen sie alle Betriebe in die Luft jagen. Mein Chauffeur wartet vor jeder Ampel eine halbe Stunde, weil er verlernt hat, was Grün ist."
„Na gut, Greifenkopf", sage ich. „Rufen Sie mich an, wenn Sie es sich überlegen sollten. Im Knast sind sogar die Papageien grau."
Ich drehe mich rasch um und verlasse die amputierte Pagode durch das Pharaonengrab.
Wenn man nichts Besseres zur Hand hat, bleibt einem eben nichts anderes übrig als im Morast herumzustochern und

abzuwarten, was sich daraufhin tut. Es tut sich fast immer was.
Der Alte von vorhin hat die Deichsel des Heuwagens fertigpoliert und ist verschwunden. Ich stehe auf der Veranda zwischen den antiken Säulen und bewundere die Landschaft. So eine begegnet einem wirklich nicht häufig. Ich verstehe gar nicht, worüber der Major sich aufregt. Um dieses Blau würde sogar die Riviera ihn beneiden.
Mit einem Mal habe ich eine Idee. In dem Zimmer, in dem wir uns so gut unterhalten haben, steht ein Telefon ziemlich nahe am Fenster. Vielleicht führt der Greifenkopf gerade ein interessantes Gespräch.
Weit und breit ist keine Menschenseele auszumachen. Ich biege rasch um das Hauseck. Da höre ich schon etwas. Leider kein Gespräch, sondern das Pfeifen einer Kugel, die in meine Richtung fliegt. Ich kann gerade noch den Mund aufreißen, schon zischt sie durch, von links nach rechts. Bei allen Heiligen, war das knapp! Einen Sekundenbruchteil später und ich hätte acht neue Zähne und zwei Pflasterstreifen für die Wangen gebraucht. Mein Mund ist ganz ausgetrocknet von dem heißen Luftzug.
Der Greifenkopf beugt sich mit seiner qualmenden Kanone aus dem Fenster und krächzt: „Merken Sie nicht, dass ich übe? Beinahe wären Sie mir in die Schusslinie geraten!"
30 Meter weiter sehe ich eine große Tafel mit dem Umriss eines fliehenden Mannes. Die Schusslinie vom Fenster dorthin verläuft nur dann über mich, wenn der Major über die Bande spielen wollte und ich die Bande bin.
Mit einer Bleikugel über die Bande spielen, ausgeschlossen! Der alte Vogel lügt. Er hat auf mich geschossen, nicht auf den Pappkameraden. Vielleicht habe ich doch vorschnell den Mund aufgerissen, denn nun kann ich es nicht mehr beweisen. Ich nicke nur, kehre der amputierten Pagode den Rücken und klettere in den Käfer. Beim Wegfahren schleife ich fünf Zentimeter seines Spezialasphalts ab und hoffe, dass es seinem Rheuma schaden wird. Meinen Reifen tut es gut. So

dick waren sie lange nicht mehr.
Auf dem Weg in die Stadt halte ich an einer Bar und trinke ein paar Gläschen wegen der Trockenheit im Mund. Dann fahre ich ins Universitätsviertel. Der Himmel ist fast blau und die Sonne scheint noch immer, aber aus irgendeinem Grund gefällt mir der Tag nicht mehr. Mit üblen Gedanken im Kopf spaziere ich zu dem Haus, in dem die Studentin wohnt.

Teddybären sind keine Teddys

Der pfeifende Luftballon hat keine gute Meinung von ihr. Natürlich ist er voreingenommen. Er macht sie ja mitverantwortlich für die Flöhe in seinem Anzug. Sie heißt Isabel Slavik und wohnt im 5. Stock in einem Atelier. Ihr Vater ist einfacher Finanzbeamter, kein hohes Tier. Die Familie lebt deshalb in bescheidenen Verhältnissen. Sie logiert in einer 25-Zimmer-Villa im Nobelviertel, jedoch nur zur Untermiete. Der Vermieter wohnt im Gartenhäuschen. Der Vater muss ein guter Verhandler sein. Er zahlt fast nichts für die edle Bleibe. Vielleicht hätte er Geschäftsmann werden sollen und nicht Finanzbeamter – aber vielleicht wohnte dann er im Gartenhäuschen und sein Steuerprüfer in der Villa. Die geringen Mietkosten und das Wenige, das er sich sonst noch vom Mund absparen konnte, ermöglichen es ihm jedenfalls, der Tochter das Atelier zu schenken. Tüchtiger Bursche, wenn man bedenkt, wie schlecht der Staat seine Beamten besoldet.
Ich passiere eine schmale Einfahrt, die in einen Innenhof mündet. Er fasst gerade sechs Autos von der neuen Sorte, die man aus Regalen kauft und unter dem Arm nach Hause trägt, um die Reifen zu schonen.
Zwei Stiegenaufgänge führen vom Hof ins Gebäude. Zuerst erwische ich den falschen, dann, das ist nicht mehr schwierig, den richtigen.
Ihr Name steht ganz oben auf einer handgeschriebenen Liste. Das Stiegenhaus ist eng und schlecht beleuchtet. Es riecht nach Knoblauch und Schokoladekuchen. Ich halte den Atem an und nehme immer vier Stufen auf einmal. Gleichzeitig verwandeln sich meine Ohren in Kesselpauken, auf denen ein übergewichtiger Stepptänzer eine Vorstellung gibt. So wenigstens fühlen sie sich an. Das liegt an den paar tausend ansässigen Kompaktanlagen, deren alleiniger Ehrgeiz darin besteht, sich gegenseitig zu übertrumpfen. Eines ist sonnenklar: Falls hier jemand unter Einsamkeit leidet, hat es nichts mit der quälenden Stille zu tun. Ich kann mir das

Getöse gar nicht anders erklären als mit Wänden aus Karton und Türen aus Packpapier. Besonders traurig ist es im zweiten Stock. Da übt ein Geiger, der unbedingt hätte Maler werden sollen.
Doch nicht nur hellhörig ist das Haus, während des Baus scheint auch das Material knapp geworden zu sein. Je weiter ich komme, desto schmäler wird die Treppe. Zwischen dritter und vierter Etage wird es so eng, dass ich deutlich die Tätowierung auf dem Bauch der Frau spüre, die sich an mir vorbeiquetscht. Es ist ein Herz mit Pfeil und Blutstropfen.
Es gibt nur eine Atelierwohnung.
Das Finanzbeamtentöchterchen, das als eine von drei Frauen dem Vereinsvorstand der Umweltschützer angehört, hat sich damit begnügt, ihre Initialen auf einen Zettel zu schreiben und den an die Tür zu heften. Den Klingelknopf hat sie mit Klebeband ausgeschaltet.
Ich sende ein Eilstoßgebet ab, dass sie daheim sein möge, und klopfe zuerst sacht und, als ich sicher bin, dass die Tür standhält, fester. Das Stoßgebet braucht inklusive Erhörung eine Minute. Danach vernehme ich das Klappern von Absätzen, und gleich darauf wird die Tür aufgerissen.
Sie ist es. Ich habe mir das Foto in der Polizeiakte gut eingeprägt. Sie ist mittelgroß, zierlich gebaut und trägt einen langen gelben Bademantel aus Frottee. Das Klappern, das ich gehört habe, stammt von hochhackigen Pantoffeln. Ich merke gleich, dass diese Pantoffeln mit den hohen Absätzen und ihr Gleichgewicht bittere Feinde sind. Es ist nicht schwer, die Ursache der Feindschaft zu erraten: Die Süße schwenkt eine Fahne, wie sonst nur die Schützen an Nationalfeiertagen. Aber ihr Gesicht ist hübsch, keine Frage. Die Nase hat einen vorwitzigen Schwung nach oben, die graublauen Augen stehen ziemlich weit auseinander, der Mund ist groß und sinnlich. Verteufelt sinnlich. Ihr Kinn hat ein kleines Grübchen. Es ist die Sorte Kinn, die unweigerlich immer recht behalten will. Das Haar trägt sie gerade geschnitten und hellrot gefärbt.

Alles in allem kein Gesicht, das einen
Vermessungswettbewerb gewinnt, doch mir gefällt es.
Ihr Blick überkreuzt sich mehrmals. Sie hat Mühe, ihn wieder
zu entwirren. Das muss an der Fahne liegen – deshalb braucht
sie auch länger für die Musterung als ich.
Wie, frage ich mich, kommt ein junges, hübsches Mädchen,
Tochter eines geachteten Finanzbeamten, um diese Tageszeit
zu dieser Fahne?
In der Zwischenzeit hat sie die Beurteilung meiner Person
beendet oder aufgegeben und sagt: „Kommen Sie rein."
Sie fragt weder nach meinem Namen, noch was ich von ihr
wolle, sie fordert mich nur auf, einzutreten. Mit der
Aussprache hapert es, doch von uns beiden fällt das lediglich
mir auf.
Elegant schwenkt sie die Fahne um 180 Grad und macht sich
auf den Weg. Ich hinterdrein. Es ist nett, sie beim Gehen zu
beobachten. Zwischen Ferse und Absatz hat sich ein
zusätzliches Gelenk eingeschlichen, ein gänzlich
unkontrollierbares Gelenk. Der Flur ist kurz und die Wände
nahe, das erleichtert ihr die Aufgabe. Im Zimmer dreht sie
zwei Pirouetten, dann landet sie in einem Stuhl.
Der Raum ist groß, eine Wand besteht aus Fenstern, die sich
noch über zwei Drittel der schrägen Decke ziehen. Es ist sehr
hell. In einer Ecke steht ein großes, oberflächlich
zurechtgemachtes Bett. Ein Himmelbett! Mit einem Himmel
aus blütenweißer Seide. Der Tischler muss es an Ort und
Stelle gezimmert haben, durch die Stiegenhausöse passte es
nie und nimmer. Außerdem gibt es drei Polsterstühle, eine
Kochnische, zwei Kästen, Regale, Tisch, Bücher und
Obstschalen. Was ich erwartet habe, sehe ich nicht: nämlich
ein weiteres menschliches Wesen.
Es ist kaum zu glauben – die Süße hat ihre Fahne ganz alleine
entrollt, ohne jede Hilfe!
In der Mitte des Zimmers steht ein schwachbrüstiges
Holzgestell, eine Staffelei, ein Rahmen mit einer unberührten
Leinwand ist eingespannt. Vielleicht liegt hier die Erklärung

für die Fahne der Maid, vielleicht ist sie auf der Suche nach Inspiration.
„Wollen Sie was trinken?"
Sie hebt lächelnd ein Glas, in dem eine grellgrüne Flüssigkeit schwappt. Ein WC-Reiniger, vermute ich im ersten Augenblick, dann begreife ich. Es ist der Stoff, aus dem sie ihre Fahne webt. Theo hätte seine helle Freude daran. Klar, dass ich ablehne.
„Ich hab auch was anderes da", schlägt sie vor.
Ich meine, zwei Fahnenschwinger sind besser als einer, und stimme zu. Sie versucht aufzustehen, merkt aber gleich, dass das nicht gut gehen würde und sagt: „Im Kühlschrank."
Ich entdecke wirklich eine Flasche und rieche daran. Kein Terpentin, ein recht annehmbarer Sprit. Ich finde ein Glas, schenke mir ein und setze mich in einen zu tiefen Sessel vis-à-vis der Fahnenmaid.
Als ich sie in Ruhe betrachte, wird mir klar, dass es gar keinen Sinn hätte, ihr mein Lockbriefchen zu zeigen. Ich habe auch für sie ein selbst getipptes mitgebracht.
Leider ist die Süße aber völlig ausgelastet mit dem Versuch, den netten Kopf aufrecht zu halten. Intellektuelle Glanzleistungen wie Lesen sind da nicht drinnen. Gerade fixiert sie mit gerunzelter Stirn die weiße Leinwand.
„Verdammt!", flucht sie. „Ich schaffe es nicht. Ich habe gedacht, wenn ich ein Lückchen, ein Schlücklen – Lödsinn! –, ein Glas trinke, geht es leichter."
Bestimmt macht ihr die flüchtige Inspiration Sorgen. Ich erkundige mich danach. Sie sieht mich verwundert an.
„Hm?"
Das bedeutet, sie hat in den paar Sekunden schon vergessen, was sie nicht schafft. Ich will es ihr erklären, aber sie hört nicht zu. Sie schwenkt ihren Drink und beginnt zu kichern. Der Bademantel rutscht und enthüllt ein Bein. Ein hübsches Bein. Ein sehr hübsches Bein.
„Die Farbe passt gut zu meinem Haar", behauptet sie und meint das Grün im Glas. „Stört es?"

„Im Gegenteil, es ist wunderbar."
Ich meine das Bein. Sie freut sich. Sie fragt: „Kennen Sie meine Teddys?"
Ich benötige nur einen Sekundenbruchteil, um zu begreifen, und weiß dann, was mir bisher gefehlt hat. Der Anblick ihrer Teddys! Oder vielmehr ihr Anblick in ihren Teddys. Sie kapiert, dass ich das unbedingt sehen muss. Mit Schwung stemmt sie sich aus dem Stuhl. Der gleiche Schwung treibt sie quer durch das Zimmer in die Kochnische. Dort wollte sie gar nicht hin. Sie stößt sich erneut ab und trudelt zu einem der Kästen. Die Kakteen, die darauf stehen, geraten ins Wanken. Sie betrachtet sie mit glasigem Blick. „Stacheln", murmelt sie. „Lauter Stacheln wie im Leben. Komische, arme Kakteen. Könnt euch nie näherkommen."
Ich fürchte, sie hat vergessen, was sie mir zeigen will, doch sie erinnert sich, öffnet den Kasten und macht einen großen Schritt zur Seite. Einen zu großen Schritt. Ihr Gleichgewicht kapituliert, sie landet auf dem Boden.
Dort scheint sie sich wohlzufühlen. Sie liegt auf dem Rücken, breitet begeistert die Arme aus und ruft: „Die besten Teddys der Welt! Die allerbesten!"
Und da sitzen sie im Kasten. Ein Rudel Teddybären, gereiht nach Größe, in den verschiedensten Farben und Verfallsstadien. Teddybären!
Es ist ein klassisches Missverständnis.
In meinem Sprachgebrauch sind Teddys eine interessante Verpackung für weibliche Wesen im passenden Alter – und sie präsentiert mir ihre Sammlung gebrauchter Plüschbrummer!
Ich bin ordentlich enttäuscht, und das ist kein Wunder. Vielleicht ist es ja besser so, aber verdammt, Teddybären anstelle von Teddys sind trotzdem wie faule Eier statt Kaviar. Ich trinke aus und beobachte, wie sie auf allen vieren zu ihrem Sitzplatz zurückkehrt – es ist nicht der Sessel, der sie anzieht, es ist das Glas daneben. Mir kommt ein Verdacht. Vielleicht hat ihre Fahne gar nichts mit der weißen Leinwand zu tun.

Vielleicht ist sie einfach nervös geworden.
„Hör mir zu, Fahnenmaid", frage ich darum streng. „Betäubst du etwa dein schlechtes Gewissen?"
„Mein schlechtes Gewissen?", wiederholt sie verständnislos. „Welches schlechte Gewissen? Wer hat denn ein Gewissen? Was tust du eigentlich in meiner Wohnung? – Ist es meine Wohnung?"
Sie sieht mich an, als nähme sie meine Anwesenheit zum ersten Mal wahr. Bei der wilden Welle, die sie reitet, kann ich nicht anders, als ihr das glauben. Ich habe es längst geahnt und bin jetzt sicher, dass dieser Abstecher eine große Pleite wird.
Trotzdem versuche ich zu retten, was zu retten ist.
„Wer plant die Anschläge?", frage ich geradeheraus. „Was weißt du davon?"
Die Brechstangentaktik geht daneben. Die Fahnenmaid starrt mich sprachlos an, ehe sie die Worte findet, die sie sucht.
„Blödmann. Hau doch ab!"
Wahrscheinlich hat sie recht. Ich habe dennoch große Lust, ihr für den Blödmann eine zu kleben, vielleicht macht sie das nüchterner.
In dem Moment klopft jemand an die Wohnungstür. Das bedusselte Schätzchen hört es nicht. Es benötigt alle Aufmerksamkeit, um von dem WC-Reiniger nachzufüllen und dabei nicht mehr als die Hälfte zu verschütten.
Ich bin noch am Überlegen, ob ich mich vertretungsweise melden soll, da öffnet sich der Anklopfer bereits selbst und tritt aus dem Flur ins Atelier.
Es ist ein Mädchen, vielleicht noch jünger als die Fahnenmaid, und es bleibt wie angewurzelt stehen, als es die Idylle zu zweien registriert. Die Hausdame sitzt auf dem Boden und nimmt keine Notiz von ihrem neuen Gast. Das ist erstaunlich, denn dieser Gast ist aufsehenerregend. Wie oft begegnet man schon einem Mädchen, das sich als Katastrophe verkleidet hat?
Es trägt einen übergroßen Pullover, den die Motten längst als

ungenießbar abgelehnt haben und Hosen, die aussehen wie verrostete Ofenrohre. Ihr Gesicht ließe das Herz jedes alten Bergmanns schneller schlagen: überall Pickel. Von ihrem Kopf baumeln Fäden, die getrockneten Schlingpflanzen zum Verwechseln ähnlich sind. Allein ihre Augen stechen aus der traurigen Umgebung hervor, es sind schöne, sanfte braune Augen.
Es ist eine Augengeschichte, scheint mir. Der Unschuldsengel hat ja auch wunderschöne Augen, allerdings in Blau.
So weit bin ich mit meiner Betrachtung vorangekommen, als die Fahnenmaid einen Finger in den WC-Reiniger steckt und ihn schmatzend ablutscht.
„Isabel!", sagt die Neue schockiert. Sie hat eine nette Stimme. Die Fahnenmaid strengt sich furchtbar an, um zu erraten, was vorgeht. Doch plötzlich sagt sie überraschend laut und munter: „Hallo Rosi, mein Schatz! Den Kerl kenne ich nicht. Ich habe ihm meine Teddys gezeigt."
Sie deutet mit der Hand in meine Richtung.
„Habe ich doch, oder nicht?"
Ich merke, dass die Tür zum Bärenkasten zugeklappt ist, und spüre den wütenden Blick der Katastrophe, die sich weiß Gott was denkt. In dem Moment kippt die Fahnenmaid um, einfach so. Sie sinkt nach hinten und ist weg. Eine schöne Situation. Die Neue, die Rosi heißt, sagt voller Verachtung: „Das haben Sie davon!"
Ihre Pickel glühen vor Empörung.
Ja, das habe ich davon! Ich möchte aufstehen und gehen, weil hier für mich nichts mehr zu holen ist, aber das ist unmöglich. Die Neue ist imstande und alarmiert die Bullen, und wenn sie mich nur halbwegs treffend beschreibt, wissen die, wen sie suchen müssen, und machen sich noch einen Mordsspaß daraus! Das Vergnügen gönne ich ihnen nicht.
„Sie gehört ins Bett", knurre ich. „Helfen Sie mir."
„O nein!", faucht sie aufgebracht. „Dabei helfe ich Ihnen nicht. Das mache ich ganz allein. Sie haben ihr schon genug angetan!"

Sie hat eine schlimme Fantasie, die Neue. Ich bringe es nicht übers Herz, sie zu enttäuschen, und grinse anzüglich.
„Wissen Sie was, Süße, Sie sollten auch von dem WC-Reiniger kosten. Der löst alte Hemmungen schneller, als Sie frische erfinden können."
„Sie sind unmöglich!"
Rosi zittert vor Empörung.
„Ein Mädchen betrunken machen und …"
Die Stimme versagt ihr. Ich schneide ein Gesicht, stehe auf, packe die Fahnenmaid und breite sie über das Himmelbett. Die Neue kämpft unterdessen mit den Bildern ihrer Fantasie. Damit sie nicht zuletzt auch noch umkippt, nehme ich mir die Mühe ihr auseinanderzusetzen, dass ich mit dem Besäufnis ihrer Freundin so wenig zu tun habe wie mit deren mangelhafter Bekleidung. Mitten in meine Erklärung hinein beginnt die Fahnenmaid im Hintergrund laut zu schnarchen. Die Katastrophe lächelt zuckersüß und sagt: „Sie hat Ihnen nur eben mal ihre Teddys gezeigt, nicht?"
Ich will etwas erwidern, werde aber das Gefühl nicht los, dass sie mir kein Vertrauen entgegenbringt.
„Sie haben wirklich eine üble Fantasie", stelle ich daher resignierend fest. „Ich mache Sie gelegentlich mit meinem Partner bekannt. Der handelt, wie Sie denken."
Kaum habe ich das ausgesprochen, wird sie knallrot. So rot, dass sogar die Pickel in der Farbenflut verschwinden. Sie scheint tatsächlich noch viel üblere Vorstellungen zu züchten, als ich gedacht habe. Ich beginne ernsthaft zu fürchten, dass sie im nächsten Moment Krach schlägt.
Es ist zum Verzweifeln: Zuerst stoße ich auf eine bis an den Rand gefüllte Fahnenmaid, die mir überhaupt nicht weiterhilft, nun kompliziert eine Katastrophe mit verdorbenen Gedanken die ohnehin komplizierte Situation – mein gesunder Menschenverstand empfiehlt mir, meine Zeit anderswo zu verschwenden. Ich zweifle nicht daran, dass er recht hat.
Die Neue, immer noch knallrot, wacht mit verkniffenen Lippen neben der röchelnden Schnapsleiche und gibt keinen

Mucks von sich, als ich ihr zuwinke und verschwinde.
Mit viel Glück fädle ich mich oben ins Stiegenhaus ein und
atme erleichtert auf, weil ich unten ohne Knoten rauskomme.
Das, Leute, ist noch das beste Ergebnis dieses Pleitebesuchs
bei der Fahnenmaid.

Weltuntergang mit Konfetti

Klar, dass ich unzufrieden bin. Während ich mich auf den Weg zur Nummer 4 meiner Liste mache, überdenke ich die Resultate der bisherigen Besuche.
Welche Resultate? Ja, Resultat ist ein zu großes Wort dafür. Der verführerische Unschuldsengel ist in Melloni verliebt, na und? So etwas passiert ihr oft, dafür sprechen die acht Exverlobten. Der fliegende Briefbeschwerer? Ein Unfall. Sie hat bestimmt Angst – vielleicht weil sie in die Anschläge verstrickt ist, möglich, aber das muss ich ihr erst einmal nachweisen. Der Luftballon bezahlt schließlich für Beweise, nicht für Vermutungen. Vermuten kann er selbst, dafür braucht er mich nicht.
Der Greifenkopf in der amputierten Pagode hat sich von meinem Briefchen nicht aus der Ruhe bringen lassen. Oder doch? Vielleicht war das Briefchen der Grund, weshalb er auf mich geschossen hat. Denn er hat auf mich geschossen und nicht auf die Pappscheibe, daran zweifle ich keine Sekunde. Aber ein Beweis ist das auch nicht. Durchaus vorstellbar, dass er ungebetenen Besuchern prinzipiell eine Kugel mit auf den Weg gibt.
Aus der hübschen Fahnenmaid war nun gar nichts Vernünftiges herauszukriegen, nicht einmal, warum sie so ausgiebig getankt hat. Und letztlich sind weder Tanken noch Schnarchen verboten.
So gesehen habe ich für den Scheck bisher nicht viel geleistet. Möglicherweise war der direkte Angriff doch ein Fehler.
Halt, zum Teufel! So geht es nicht! Jetzt habe ich kaum mit der Arbeit begonnen und schon schleichen sich derlei Gedanken ein. Das bin ich nicht gewöhnt. Irgendetwas stimmt nicht. Mache ich mir etwa Sorgen, diesmal auf der falschen Seite zu stehen? Unsinn! Sabotage ist ein Verbrechen. Von Notwehrrecht kann da keine Rede sein, oder?
Es ist zum Aus-der-Haut-Fahren. Wer weiß denn immer, was gerade richtig und was falsch ist?

Ich – üblicherweise.
Schlecht gelaunt beschleunige ich den Käfer und scheuche ein paar Fußgänger vom Zebrastreifen. Im Rückspiegel sehe ich, dass einer davon mir den Vogel zeigt. Das fehlt mir gerade noch. Ich wende, steige aus, mache den Kerl zu Hackfleisch und drücke ihn durch ein Kanalgitter. Die anderen Passanten haben sofort begriffen und bewundern die Schaustücke in den Auslagen. Ich höre erst auf, als das letzte Hackfleischbröckchen in die Kloake plumpst. Niemand soll mir den Vogel zeigen, wenn ich in so einer Stimmung bin! Endlich kann ich weiterfahren.
Der dritte Mann im Vorstand ist Student. Er heißt Harry Horror und gehört zu denen, die noch für die erste Prüfung lernen, wenn die Kinder ihrer Kollegen längst den Doktor machen. Laut Polizeiakte ist er Mitglied einer radikalen politischen Gruppe, verteilt gerne Flugblätter und wurde einmal verhaftet, weil er einen Polypen angespuckt hatte. Beim anschließenden Verhör verhielt er sich so ungeschickt, dass er x-mal vom Sessel fiel, sich dabei fünf Zähne ausschlug und einen Arm, ein Bein, einige Finger sowie beide Kniescheiben brach.
Vor Gericht war er geständig und bekam zwölf Jahre Arbeitslager bei 300 Fastentagen jährlich aufgebrummt. Das Urteil wurde in allen Instanzen bestätigt, bis der Oberste Gerichtshof es wegen eines Formfehlers aufhob und eine zweite Verhandlung anordnete. Diesmal hatte Horror einen anderen Verteidiger. Einen, der behauptete, das ursprüngliche Geständnis sei erzwungen worden. Dabei berief er sich auf die Verletzungen, die sein Mandant während des Verhörs erlitten hatte.
Der Richter glaubte ihm natürlich nicht. Schon deshalb, weil Dutzende Polypen das Gegenteil beschworen. Sogar ortsfremde Polypen aus dem ganzen Land meldeten sich freiwillig zum Mitschwören.
Nun, der Richter glaubte Harry Horror nicht, hatte aber die Nase voll von der leidigen Angelegenheit und fällte einen

Freispruch.
Jeder kann sich ausrechnen, was ein derartiger Freispruch wert ist, moralisch, meine ich, aber Horror war noch froh darüber. So ein Früchtchen ist er!
Er hat sich der Bürgerinitiative nur angeschlossen, weil er gern Radau macht und das am liebsten in einer Gruppe, die ihn vor den Folgen schützt. Ein ganz heißer Tipp für mich! Leider ist er nicht zu Hause. Er wohnt mit drei anderen Burschen zusammen. Einer davon sagt, ich solle es spät am Abend oder am nächsten Tag noch einmal versuchen.
Daraufhin fahre ich zum alten Drachen. Die Bezeichnung stammt vom Greifenkopf, nicht von mir. In Wirklichkeit heißt sie ja Sandra Verian und ist Hausfrau.
Immerhin hat der Major sie verdächtigt, mir das anonyme Briefchen geschickt zu haben. Das ist ein Ansatzpunkt. Meine trüben Gedanken von vorhin verflüchtigen sich und beinahe tut es mir leid, dass ich den Vogelzeiger in den Kanal gequetscht habe. Aber jetzt ist es zu spät, ihn zu bedauern, und verdient hat er es allemal.
Von Sandra Verian ist nicht viel zu erzählen. Zumindest entspricht das der Meinung des Polypen, der über sie Erkundigungen eingezogen hat. Sie ist jenseits der 60 und vielfache Oma. Ihr Mann arbeitete als Vertreter für Spezialbüstenhalter und reiste eines Tages ab, ohne zurückzukehren. Kann sein, er hat irgendwo das ideale Absatzgebiet gefunden. Seither jedenfalls engagiert sich seine Frau im Umweltschutz.
Auch bei ihr habe ich Pech. Ich beschließe ein wenig zuzuwarten und benütze die Gelegenheit, um meinen Magen aufzufüllen.
Nach dem Essen versuche ich es wieder. Wieder erfolglos. Eine Oma mit so vielen Enkeln ist tatsächlich das Unzuverlässigste, was man sich vorstellen kann, das steht fest. Ich läute bei einer Nachbarin. Es wäre ja möglich, dass die Oma sie über ihren Tagesablauf informiert hat. Hat sie aber nicht. Und das, obwohl die Nachbarin zu der ganz

gesprächigen Sorte zählt. Sie ist so gut aufgelegt wie ein Mülleimer, den lange niemand ausgeleert hat.
In einem zweiminütigen Stegreifvortrag erläutert sie detailliert, was sie von meiner Abstammung hält, und bittet mich inständig, nie wieder an ihrer Tür zu läuten, wenn ich zu jemand anderem wolle, denn das könnte zu einer lästigen Gewohnheit werden. Außerdem sei sie nicht der Portier und in diesem Haus gäbe es gar keinen Portier und sie wäre mir sehr dankbar, wenn ich mich endlich verziehen würde und sie nicht länger aufhielte. Und am besten wäre es, wenn ich ganz weit wegginge, und zwar vorzugsweise nach Orten, die auf keiner Landkarte verzeichnet seien. Dann wäre die Chance am größten, dass ich nie wiederkäme, und das wünschte sie sich mehr als einen neuen Nerz, obwohl sie nicht einmal einen alten besitze!
Ich opfere einen Hosenknopf, den ich an ihre Unterlippe hefte, um dann die Oberlippe draufzuknöpfen. Es ist eine gute Investition, sonst stünde ich noch zu Weihnachten mit vollen Ohren vor ihrer Tür.
Auf diese Art erlöst, gehe ich. Und zwar nach Hause. Denn irgendwann hat man genug. Bei mir ist es so weit.
Vor Tantchens Häuschen ist kein Parkplatz frei. Auch nicht in der näheren Umgebung. Schließlich finde ich einen, der zehn Zentimeter kürzer ist als mein Käfer. Ich nehme ihn trotzdem, so eine Laune habe ich. Schuld daran ist nicht zuletzt die Nachbarin. Ich habe Lust, zurückzufahren und den Knopf gegen einen Reißverschluss zu tauschen. Nur meine Gutmütigkeit hindert mich daran. Unmittelbar vor dem Hauseingang hat jemand sein Motorrad abgestellt. Ich verfluche ihn, tanze herum und öffne die Haustür. Die Beleuchtung im Vorraum, die sich normalerweise automatisch einschaltet, funktioniert nicht. So was passiert von Zeit zu Zeit. Ich kümmere mich nicht darum. Das ist ein Fehler, denn plötzlich geht die Welt unter.
Herr im Himmel, wozu sind Kopfschmerzen gut, wenn die Welt untergeht? Was hat denn das eine mit dem anderen zu

tun? Und weshalb sitze ich in meinem Zimmer?
Das Letzte, woran ich mich erinnere, ist der Weltuntergang, der mich im Vorraum überrascht hat. Jetzt sitze ich auf dem Boden meines Wohnzimmers in Tantchens Haus.
Langsam dämmert mir, dass dieser Weltuntergang kein allgemeiner gewesen sein kann und dass der partielle durchaus mit meinen Beschwerden zu tun hat. Gleichzeitig ärgere ich mich darüber, dass ich auf dem Boden sitze. Sogar Theo darf einen der Stühle benützen, wenn er mich zu Hause erwischt und ich die Kette nicht vorgelegt habe.
Vor meinen Augen zittert eine Nebelbank, die sich von der Mitte her allmählich auflöst. Jemand hat die Deckenbeleuchtung eingeschaltet. Ich war es nicht. Ganz in der Nähe ertönt ein Knall. Er löst in meinem Kopf ein gewaltiges Echo aus, das sich augenblicklich in flüssiges Metall verwandelt, das zwischen den Gehirnwindungen hin und her schwappt, bis es erstarrt und der Schmerz nachlässt. Trotzdem habe ich den Knall erkannt. Genauso klingt es, wenn meine Zimmertür zugeschlagen wird.
Ich streiche mit der Hand über meinen Hinterkopf und finde dort ein großes Ei, von dem der Schmerz ausgeht. Es war noch nicht da, bevor ich das Haus betrat. Mittlerweile ist mir klar, was geschehen ist. Die defekte Beleuchtung war kein Zufall, sondern das Werk jenes hinterlistigen Raubmörders, der mir im Schutz der Dunkelheit einen Eisenträger über den Schädel gezogen und mich anschließend in meine Wohnung geschleppt hat. Ich vermute, jetzt hat er sie verlassen und dabei die Tür hinter sich zugeschlagen. Aber wozu die Mühe? Bis in meine Wohnung schaffe ich es alleine ebenso gut, sogar besser – wenn er mich lediglich ausrauben oder umbringen wollte, hätte er das auch im Vorhaus erledigen können.
Dann sehe ich sie. Sie ist stahlgrau, matt, und einen halben Meter von meinem rechten Schuh entfernt. Der gelbe Lack an der Schuhspitze ist arg zerkratzt. Das geht auch auf das Konto des Typen, der mich über die Stiege geschleppt hat. Ich weiß wirklich nicht, warum ich mich ausgerechnet darüber ärgere,

ich sollte mir andere Sorgen machen, zum Beispiel über die Handgranate, die vor mir liegt. Stahlgrau liegt sie da, matt, und ohne Zweifel gezündet!
Der Sicherungssplint mit dem Ring liegt daneben, der Ring wackelt noch. Jetzt bin ich sicher, dass der Kerl die Tür von außen zugeschlagen hat. Es ist noch nicht lange her. Es kann nicht lange her sein, die Zeit zwischen Zündung und Explosion beträgt bei diesen Granaten fünf oder sechs Sekunden. Wenn es so weit ist, verteilen sich kleine Stahlkügelchen mit hoher Geschwindigkeit in alle Richtungen. Es spricht nichts dafür, dass meine Richtung davon ausgenommen ist.
Plötzlich bin ich ein Bündel angespannter Stahlfedern, komme in die Hocke und hechte los. Ziel meines Sprungs ist eine alte, schwere Ledergarnitur, eine ziemlich hässliche Garnitur. Ich verspreche ihr, ich werde sie um jeden Preis ausbessern lassen und ewig in Ehren halten, wenn sie mir nur dieses eine Mal das Leben rettet. Aber sie ist noch viele Kilometer von mir entfernt, als die Granate explodiert. Ich bin mitten im Sprung. Ich spüre die Kügelchen nicht, die mich zerfetzen, aber Momente später spüre ich mich hart auf dem Boden aufschlagen. Ich sterbe. Ich mache es zum ersten Mal und bin unerfahren und doch habe ich es mir anders vorgestellt – mit weniger Kopfschmerzen.
Aus der Froschperspektive sehe ich die Holzfüße der Ledergarnitur, Tischbeine und die Teppichfläche. Der Teppich muss gesaugt werden.
Meine Horizontlinie setzt sich zusammen aus einem Stück Bodenleiste und einem Stück Wand. Ich warte. Ich warte darauf, dass sich mein Blick trübt. Und er trübt sich tatsächlich, denn die ersten Konfetti schweben zu Boden. Damit habe ich wirklich nicht gerechnet. Mein Tod geht unter in einem Konfettiregen! Eines der Papierscheibchen kitzelt mich in der Nase. Ich taste nach einem Taschentuch, finde keines, niese und setze mich auf. Der Teppich ist übersät mit Konfetti. Jetzt muss er wirklich gesaugt werden, jetzt gibt es

keine Ausrede mehr.
Doch was viel besser ist: Ich habe aufgehört zu sterben! Kein Metallkügelchen hat meine Haut geritzt, ich bin, abgesehen von dem Ei auf meinem Kopf, völlig intakt. Ich stehe auf. Ein verblüffender Scherzartikel, diese Handgranate, täuschend echt.
Vor dem Haus startet ein Motorrad. Ich stürze zum Fenster und sehe einen großen, grauhaarigen Burschen auf der Maschine, die vorhin beinahe den Eingang blockiert hat. Ich sehe nur seinen Rücken. Er schlängelt sich durch eine Lücke zwischen den parkenden Autos auf die Straße und braust davon.
Ich bin ganz sicher, dass ich ihm das Ei verdanke und das nette Erlebnis mit der Granate. Leider kann ich mich nicht sofort bedanken, er ist im Straßengewirr verschwunden. Plötzlich fällt mir Tantchen ein. Ich stürze zum Stiegenabsatz und halte erleichtert an. Ganz unüberhörbar, dass sie noch immer irgendeinen Teilnehmer irgendeiner Show lautstark niedermacht. So lautstark, dass sie gar nichts vom unerbetenen Besuch mitbekommen hat.
Meine Brieftasche ist ebenso unberührt wie das Zimmer. Ich tappe völlig im Dunkeln. Wieso hat mir der Grauhaarige eigentlich seine Aufwartung gemacht?
Butta kann ich nicht anrufen. Der bekäme einen Lachanfall und mit ihm alle Bullen der Stadt. Das wäre zu viel, in mir schaut es schlimm genug aus.
Ich kippe einen Dreifachen und mache mich ans Aufräumen. Dabei finde ich die rote Plastikkapsel. Einige Konfetti kleben daran, daraus schließe ich, dass sie in der Handgranate gesteckt hat.
Die Kapsel besteht aus zwei Teilen. Ich öffne sie und ziehe ein eng zusammengerolltes Papierblatt heraus. Es ist mit klobigen Buchstaben bedeckt. Ich lese:

‚Halte dich raus, Schnüffler! Die Nächste ist scharf!'

Der vife Kleiderschrank

Am Morgen brummt mein Kopf noch immer, doch das Ei ist geschrumpft. Ich fühle mich von ziemlich hoch oben ausgespuckt, daran ist nicht nur der K.-o.-Schlag schuld. Im Allgemeinen bin ich für gute Ratschläge wirklich dankbar, ja, aber diesmal ist es anders. Ich bin überhaupt nicht dankbar, im Gegenteil. Ein guter Ratschlag, und mag er noch so erstklassig sein, der in eine Handgranate verpackt ist, die vor meiner Nasenspitze explodiert, ist einfach nicht nach meinem Geschmack – nein, ich kann nicht dankbar sein.
Die Verpackung des Ratschlags war allerdings originell, das gebe ich zu. Ich bin ganz scharf darauf, dem Kerl zu begegnen, der sich so prächtige Gags ausdenkt. Ich will ihm beweisen, dass ich seine Einfälle zu schätzen weiß, und werde mir bestimmt nicht weniger Mühe mit ihm geben, als er für mich aufgewendet hat. Nachher soll für jedermann schon von Weitem sichtbar sein, was für ein origineller Bursche er ist.
Der Haken daran ist: Ich kenne meinen Freund leider nicht. Ich habe ihn lediglich von hinten gesehen und das zum ersten Mal im Leben. Auf das Motorrad hatte ich kaum geachtet, weil ich mich mit anderen Gedanken herumschlug. Ich weiß auch nicht, wer mir den Grauhaarigen auf den Hals gehetzt hat. Einer der Umweltschützer? Das ist wahrscheinlich, es ist zurzeit mein einziger größerer Fall.
Aber welcher von der Bande steckt dahinter? Melloni, der Boss, oder der Major Greifenkopf, die Fahnenmaid oder der Unschuldsengel? Oder alle gemeinsam? Oder ein anderer Witzbold? Einer, der sich an mir rächen will und die Warnung nur zur Ablenkung ins Spiel gebracht hat?
Wie auch immer, ich werde jedenfalls weitermachen, als wäre nichts geschehen, und warte in dieser Angelegenheit die Entwicklung ab. Ganz kalt soll die Spur, sofern es eine ist, aber auch nicht werden.
Mein erster Weg führt mich deshalb in ein Scherzartikelgeschäft. Ich beschreibe dem Verkäufer die

Handgranate. Er sagt auf Anhieb, ja, er kenne das Modell. Vor Silvester werde es massenhaft gekauft. Es ist ganz einfach, die Plastikkapsel zu öffnen und ihren Inhalt – gewöhnlich ein kluger Spruch – gegen einen eigenen Zettel zu tauschen. An einzelne Kunden erinnert er sich nicht, dazu liegt Silvester zu lange zurück. Außerdem gibt es in der Stadt mindestens 50 Läden, in denen man die gleichen Dinger verkauft.
Mindestens 50! Das klingt schlimm. Eine ideale Aufgabe für meinen Partner. Ich fahre zu seiner Wohnung und hole ihn aus dem Bett. Er amüsiert sich großartig über mein gestriges Erlebnis, bis er kapiert, was ich von ihm verlange. Aber was soll er dagegen tun, ich bin der Seniorpartner und bestimme. Gestern hat er an der Versammlung der Bürgerinitiative teilgenommen und dabei Sandra Verian kennengelernt – die Oma, die nie zu Hause ist, die mit der Nachbarin, der ich den Knopf gestiftet habe.
Theo sagt, die Oma habe ihn eingeladen. Nach Pfingsten soll er sie besuchen, mit ihr Kaffee trinken und Kuchen essen. Er sei ihr sympathisch.
Mein Partner! Vielleicht sind der Oma die vielen Enkel nicht gut bekommen.
Ich nehme Theos Gesellschaft mit, eine niedliche Blonde, kaum einen Kopf größer als er, und setze sie etliche Querstraßen entfernt aus, damit sie ihn nicht von der Arbeit abhält.
Diesmal ist die Oma zu Hause. Als ich bei ihr klingle, steckt die Nachbarin schnell den Kopf zur Tür heraus. Sie erkennt mich wieder und verschwindet sofort. Aber der Knopf sitzt noch fest, soviel sehe ich.
Die Oma öffnet und mustert mich aus schmalen Augenschlitzen. Die Schlitze hat sie vom vielen strengen Schauen. Sie wirkt eigentlich gar nicht wie eine Oma, auch nicht wie ein alter Drachen, am ehesten erinnert sie an einen gebrauchten Kleiderschrank, figurmäßig, meine ich. Ja, es ist eine Oma mit Masse, breit und kräftig. Eine, an der sich kein Flegel vorbeidrängt, weil er geschwinder zur Kasse oder in

den Autobus will.
Die Kleiderschrank-Oma mustert mich also ausgiebig und sagt dann mit der knarrenden Schranktüre, die ihre Stimme ist: „Auf Sie habe ich schon gewartet. Kommen Sie rein."
Kein Wunder, dass sie mich kennt, ich habe ja in der Nachbarschaft genug Staub aufgewirbelt. Langsam muss es sich im Vorstand der Bürgerinitiative herumgesprochen haben, dass hier einer unterwegs ist und lästige Fragen stellt. Wenn mich etwas wundert, dann ihre Bereitschaft, mich trotzdem ohne Umstände einzulassen.
Doch ich begreife gleich, dass die Kleiderschrank-Oma nicht von der Sorte ist, die sich bei Gefahr in ihr Schneckenhaus verkriecht.
Wir gehen in ein billig eingerichtetes Wohnzimmer. An den Wänden hängen goldene Büstenhalter und Urkunden. Ich lese eine im Vorübergehen. Karl Verian hat sie erhalten – je eine für 10.000 verkaufte Übergrößen. Und es hängen viele herum. Der verschwundene Mann der Oma war ein Star seiner Branche, ganz klar.
Die Einrichtung, wie gesagt, sieht nicht danach aus. Vielleicht hat der Bursche zu viel Geld in die Marktpflege gesteckt.
Die Kleiderschrank-Oma hat in der Zwischenzeit das Fenster geschlossen und plustert sich nun vor mir auf. Donnerwetter! Der Schrank wächst in alle Richtungen. Bestimmt hat ihr Gatte sie während einer Verkaufstour kennengelernt.
„Was fällt Ihnen eigentlich ein", knarrt sie, „die arme Frau Professor so zu erschrecken?"
Die arme Frau Professor? Das ist wohl der Unschuldsengel mit den acht Exverlobten.
„Sie hat mich erschreckt", berichtige ich. „Sie züchtet fliegende Briefbeschwerer. In der Wohnung!"
„Reden Sie keinen Unsinn!", droht die Oma. „Die Kleine war ganz außer sich. So habe ich sie noch nie erlebt. Sie sind schuld daran!"
„Vielleicht hat sie Schwierigkeiten mit dem Schlaf der Gerechten", vermute ich. „Dafür bin aber nicht ich

verantwortlich."
Da reißt die Oma zornig die Arme hoch und will mich an den Schultern packen. Oder am Hals, wer weiß?
Das Allerletzte, was mir in meiner Sammlung fehlt, ist nun wirklich ein Gerangel mit einem Kleiderschrank, der üblicherweise im Kreis seiner Enkel Märchen vorliest.
Was sollen die Leute denken? Ich male mir die Schlagzeilen aus. Detektiv verprügelt betagten Kleiderschrank!
Oder gar: Alter Kleiderschrank verprügelt bekannten Detektiv! Mein Ruf wäre ruiniert, und das zu Recht.
Deshalb trete ich einen Schritt zurück, nehme die Hände der Oma und stecke sie fest in ihre Schubladen – ihr Kleid hat große, aufgesetzte Taschen.
Dann betätige ich mich als Möbelpacker, hebe sie auf und setze sie in einen ziemlich engen Fauteuil. Sie knarrt und ächzt wütend, aber beim Versuch freizukommen rutscht sie nur tiefer und verklemmt sich schließlich hoffnungslos in dem Sessel. Ich nutze die Zeit und sehe mich um.
Es gibt wenig Interessantes, nur auf dem Tisch liegt ein in seine Einzelteile zerlegter Gummibaum. Ich befühle ein Blatt und merke, es ist nicht aus Gummi, es ist aus Plastik. Eine Imitation! Eine Gummibaumimitation aus Plastik. Und das im Haus einer fanatischen Umweltschützerin. Sieh einer an.
Sie hat den Baum gerade gereinigt, als ich geklingelt habe. Die Wasserschüssel steht ebenfalls auf dem Tisch. Weil die Kleiderschrank-Oma so laut vor sich hin knarrt, überlege ich, ob ich ihre Scharniere mit dem Seifenwasser schmieren soll. Sie beruhigt sich aber, deshalb lasse ich es bleiben. Vielleicht kann sie Gedanken lesen und will sich nicht schmieren lassen. Ein Gedanken lesender Kleiderschrank mit einem Dutzend Enkeln? Nein, das ist zu unwahrscheinlich, Gedankenlesen kann sie nicht.
„Helfen Sie mir da heraus", sagt sie. „Eine Unverschämtheit!"
„Unterhalten wir uns doch noch ein bisschen", wehre ich ab. „Im Freistil bin ich ganz aus dem Training. Gemütlich haben Sie es hier."

„Pah! Eine wehrlose und gebrechliche alte Frau in einen Sessel zwängen, das nennen Sie gemütlich!"
Wehrlos und gebrechlich, das gefällt mir. Der Kleiderschrank hat Humor.
„Schon gut", sage ich. „Ich will Ihnen verraten, warum der Unschuldsengel außer sich ist. Er hat Angst, das ist alles. Er hat Angst, weil er genau weiß, dass der ganze ehrbare Verein an den Sabotageaktionen noch zugrunde gehen wird. Und es mit dem neunten Verlobten dann auch nichts wird. Wenn Sie dem Blauauge helfen wollen, sorgen Sie dafür, dass der Unfug aufhört."
„Blödsinn!", ächzt die Schrank-Oma. „Wir haben mit der Sache überhaupt nichts zu tun!"
„Nein?"
„Natürlich nein!", schreit sie wütend. „Und wenn, dann beweisen Sie es doch!"
Sie hat recht. Das ist der springende Punkt.
Ich entfalte das Briefchen, das ich schon dem Major gezeigt habe, und halte es vor ihre Augen. Ohne Brillen könne sie nicht lesen, behauptet sie, also lese ich ihr vor.
„Was soll denn der Major wissen?", fragt sie missmutig. „Gar nichts!"
Ich spiele meinen schwachbrüstigen Trumpf.
„Er ist jedenfalls der Meinung, sie hätten ihm das angetan, weil Sie ihn beneiden."
Sie ist völlig verblüfft.
„Das sagt er?"
„Ja."
Da brüllt sie los, so heftig, dass die Wände wackeln. Und nicht etwa, weil ihr eine gedrechselte Verzierung abgebrochen wäre, sie brüllt vor Lachen!
„Der alte Narr!", wiehert sie. „Das sieht ihm ähnlich. Na, der kann was erleben!"
Dann wird sie ernst. „Das ist doch nur ein fauler Trick von Ihnen."
„Bestimmt nicht", versichere ich. „Er hat es wirklich gesagt."

„Das glaube ich", knarrt sie voller Energie. „Ich meine, der ganze Brief ist ein Trick."
„Keineswegs", lüge ich kaltblütig. „Ich habe keine Ahnung, wer ihn mir geschickt hat."
Da ist wieder etwas Wahres dran.
Trotzdem, alle Achtung. Der Kleiderschrank ist oben wesentlich besser sortiert als der Greifenkopf. Zweifel bleiben allerdings zurück, das erkenne ich an ihrem Blick, das muss ich ausnützen.
Ich frage: „Warum unterstützen Sie eigentlich Melloni? Der missbraucht die Bürgerinitiative doch nur als Topf, um darin sein eigenes Süppchen zu kochen."
„Kann sein", sagt sie frei heraus. „Kann sein, dass er weiter denkt als wir. Aber er ist ein guter Mann."
Deute ich das Knarren im Hintergrund richtig? Erwägt sie die Möglichkeit, Melloni könnte bei all seinen Qualitäten, gerade weil er weiter vorausdenkt, etwas mit dem zerknitterten Zettel in meiner Hand zu tun haben? Ich hoffe es.
Komplizen dürfen einander nie ganz trauen. Unangenehm für sie, dass – abgesehen vom Obduktionsonkel – kaum jemand in den Kopf eines anderen schauen kann.
Eines steht aber fest: Der Kleiderschrank ist nicht in den Boss verliebt und gewiss nicht vertrauensselig. Ich halte es für richtig, das gute Stück mit seinen Grübeleien alleine zu lassen.
„Na denn", sage ich. „Gewarnt habe ich Sie."
Ich packe den Schrank, ziehe ihn aus dem Fauteuil und stelle ihn auf die Beine. Angreifen kann mich die Oma nicht, weil sie erst ihre Hände aus den Schubladen befreien muss. Doch ihre Augen blitzen.
„Unterstehen Sie sich, mir noch einmal zu nahe zu treten!", faucht sie. „Ich bin eine verheiratete Frau, Sie Ungeheuer!"
Na so was. Die intelligente Oma glaubt tatsächlich, ich träte einem Kleiderschrank zu nahe. Und, fällt mir ein, Theo ist ihr auch sympathisch. Vielleicht ist sie doch nicht so intelligent.
„Der Plastikbaum ist wirklich geschmacklos", sage ich. „Sie haben recht, wenn Sie ihn zerlegen und wegwerfen. Aber

wieso putzen Sie ihn erst noch?"
Damit verabschiede ich mich.

Rendezvous mit einer Eisentür

Die Kleiderschrank-Oma ist auf den Major jetzt bestimmt nicht gut zu sprechen. Das kann mir nur recht sein. Je mehr sie sich in die Haare geraten, umso besser.
Für eine Visite bei Harry Horror, dem Früchtchen, das ständig vom Sessel fällt, ist es wohl noch zu früh. Ich fahre also ins Büro, um die Post durchzusehen, und finde einen Zettel von Theo. Darauf steht:

‚Xrarlz Yem'

Klar? Ich weiß natürlich, was dahintersteckt. Mein Partner besteht darauf, alle schriftlichen Nachrichten verschlüsselt weiterzugeben. Das sei unverzichtbar für unsere Sicherheit, pflegt er zu behaupten. Den Satz hat er gestohlen, aber das hindert ihn nicht daran, an der Geheimschrift festzuhalten. Nachdem ich mich weigere mitzuspielen, hat er sich zu einem Kompromiss durchgerungen. Er notiert alle Nachrichten doppelt, einmal verschlüsselt – für die Sicherheit; einmal normal – für mich. Zwei Fliegen auf einen Streich nennt er die Lösung solcher Probleme, die unseren Büroalltag kurzweilig machen. Unter ‚Xrarlz Yem' steht deshalb:

‚Sofort Klienten anrufen!'

Ich muss demnächst einen Arzt fragen, ob Leute wie mein Partner stark auf ihre Umgebung abfärben. Manchmal träume ich nachts, dass es so wäre, und wache schweißgebadet auf.
Ich rufe den Luftballon per Smartphone an. Die Verbindung klappt zunächst, doch dann denke ich, sie sei gestört, dabei knirscht der Chef nur so sehr mit den Zähnen. Die armen Luftballonzähne! Lange halten sie das nicht mehr aus.
Ein neuer Anschlag habe sein Unternehmen in größte Schwierigkeiten gestürzt, jammert er. Die Attentäter hätten in der Kantine unbemerkt Zucker und Salz vertauscht. Eine

Katastrophe! Alle Arbeiter und Angestellten tranken in der Vormittagspause versalzenen Kaffee!
„Damit hat die Niedertracht ihren Gipfelpunkt erreicht!", knirscht der Luftballon. „Einer Hälfte der Belegschaft ist übel, die andere ist außer sich und droht mit Streik. Gezuckerter Kaffee ist seit jeher ein Grundpfeiler unserer Sozialleistungen gewesen. Mit dieser Heimtücke haben die Verbrecher den Lebensnerv des Betriebes getroffen! Die Lage spitzt sich dramatisch zu. Wenn nicht bald etwas geschieht …"
„Geben Sie noch eine Runde aus", rate ich. „Mit einer Doppelportion Zucker."
„Unmöglich", blockt er ab. „Dafür kann ich keinesfalls die Verantwortung übernehmen. Wie sollte ich das dem Aufsichtsrat plausibel machen?"
Ich verstehe. Der Aufsichtsrat ist ein wenig knausrig. „Setzen Sie eine Belohnung aus", schlage ich vor, „für Hinweise, die zur Aufklärung dieser Gemeinheit führen."
Das leuchtet dem Luftballon ein. Er knirscht nur noch halb so wild.
„Eine gute Idee", sagt er schließlich. „Eine Belohnung beruhigt, das kann ich verantworten. Nachdem ohnehin keiner etwas weiß, muss sie auch nicht ausbezahlt werden. Das gefällt dem Aufsichtsrat. Ich bin wirklich ganz durcheinander, sonst wäre mir das selbst eingefallen. Melden Sie sich, sobald Sie Fortschritte erzielen."
Damit legt er auf.
Kreuzdonnerwetter, war das knapp! Noch so ein Volltreffer und die Saboteure erreichen ihr Ziel, ehe ich sie überführe. Dann dürfen sie ihren Sieg genießen, während der Luftballon und seine Kollegen auf der Straße um Brot für ihre Kinder betteln.
Unvorstellbar! Aber immerhin sind die Fronten geklärt. Leuten, die Zucker mit Salz vertauschen, ist alles zuzutrauen, die darf man nicht gewähren lassen.
Ich nehme den Käfer wieder in Betrieb und fahre geradewegs zu dem Früchtchen.

Der gleiche Bursche, der mich gestern weggeschickt hat, öffnet die Tür. Er ist wohl der Türöffner. Diesmal schickt er mich nicht weg. Er grinst mich an und sagt: „Hallo, da sind Sie ja wieder."
Ich merke gleich, dass er schon getankt hat. Er bestätigt es auch.
„Bei uns steigt eine kleine Mittagsparty, Freund. Kommen Sie nur rein, Harry will Sie sehen. Er freut sich auf Ihren Besuch."
„Sind Sie auch Mitglied der Bürgerinitiative?", frage ich.
„Natürlich!", sagt er laut. Dann blickt er kurz über die Schulter und fügt leiser hinzu: „Ganz unter uns, Harry würde jeden, der nicht mitmacht, hochkant rausfeuern."
Der gute Harry hat also das Sagen.
Ich folge dem Betankten in ein großes Zimmer. Wie groß es genau ist, bleibt mir verborgen. Rauchschwaden liegen so dick in der Luft, dass man kaum zwei Meter weit sieht. Ein Radio dudelt, Mädchen kichern und Männer reden durcheinander. Ich bleibe knapp hinter dem Betankten, weil ich keine Lust habe, mich in einer fremden Wohnung im Nebel zu verirren. Ich glaube, er verirrt sich selbst zwei- oder dreimal, bis wir endlich zu einem großen Tisch vorstoßen, um den sich die Männerstimmen und das Mädchenkichern sammeln.
Es dauert eine Weile, dann erkenne ich das Früchtchen. Es sieht seinem Foto im Polizeiarchiv kaum ähnlich, doch wurde das erst aufgenommen, nachdem er die x-mal vom Sessel gefallen war.
Zuerst denke ich, er sei schon wieder gefallen – mit dem Gesicht in ein Becken voll glühender Kohle, so rot ist es. Das Rot stammt aber nicht von glühenden Kohlen, sondern vom Mund des Mädchens neben ihm, der einen Zentimeter dick mit Lippenstift beschmiert ist.
„Schau an", sagt Harry Horror. „Sie sind wohl der Detektiv Jingle Bell, den die Oberstadtverseucher angeheuert haben."
Er wendet sich an die Lippenstiftige. „Präg dir die Visage gut ein. Der Kerl ist eine Art moderner Söldner. Pass auf: Wie

viel kostet eigentlich Ihre Mutter, Bell? Ich habe etwas auf der Kante und will ins Antiquitätengeschäft einsteigen. Sie sind doch einer von denen, die ihre Mutter verkaufen, wenn nur der Preis stimmt?"
Ein Mädchen macht: „Pfui!", dann prustet die ganze Gesellschaft los, so lustig findet sie das.
Mir ist auch nach einem Scherz zumute. Ich nehme eine Flasche Hochprozentigen und leere sie über dem Kopf des Früchtchens aus. Dann stecke ich ihm eine Zigarette in den Mund und frage: „Willst du Feuer?"
Das Früchtchen jault auf, stößt sich mit beiden Beinen ab und kippt über die Sofalehne nach hinten.
„Himmel!", ruft es. „Der Kerl ist verrückt! Er will mich flambieren!"
Die Lippenstiftige schreit ebenfalls und plötzlich schreien alle, und schon ist eine Keilerei im Gang. Der Betankte versucht sich auf mich zu werfen, doch weil ich einen Schritt zur Seite mache, landet er nicht auf meinem Rücken, sondern mitten auf dem Tisch. Das ist zu viel für den Tisch. Die Beine knicken, und er kracht auf den Boden. Leider vergisst der dritte Bursche seine Zehen unter der herabstürzenden Tischplatte, das versetzt ihn in große Aufregung. Er springt unbeherrscht auf und schleudert das Mädchen, das auf seinem Schoß gesessen hat, in hohem Bogen durch die Luft. Ich fange sie und spiele den Ball gleich zu dem Früchtchen weiter, das sich hochgerappelt hat und auf mich losgehen will.
Ballspielen liegt ihm nicht.
Er zieht sich samt dem Mädchen unter Mitnahme zweier Stühle in ein entferntes Eck zurück. Der Vergessliche versucht mich anzuspringen, vergisst aber erneut auf seine Zehen, die noch eingeklemmt sind, und fällt in voller Länge auf den Betankten und die Reste des Tisches. Der vierte Kerl, der einzige, der noch fit ist, beweist, dass er ein gefährlicher Boxer ist. Er brüllt Drohungen, hüpft in die Luft und lässt eine Serie gewaltiger Schwinger vom Stapel. Jeder Einzelne würde einen Elefanten k. o. schlagen. Aus Rücksicht auf mich achtet

er allerdings peinlich darauf, dass wenigstens ein Meter Abstand zwischen uns bleibt. Immerhin drischt er riesige Löcher in den Nebel und verbessert damit die Sichtbedingungen. Auf diese Weise hielte er mich stundenlang in Schach, wenn ich vorhätte, so lange zu bleiben.
Dann geschieht etwas für ihn Unerwartetes. Zwei der Mädchen, die wahrscheinlich auch nicht viel Zeit haben und bald ein Resultat sehen wollen, unterlaufen seine Strategie, indem sie ihm einen kräftigen Stoß in den Rücken versetzen. Er taumelt auf mich zu. Niemand kann ihm verdenken, dass ihn die neue Situation aus dem Konzept bringt. Diese Momente der Unsicherheit genügen – schon läuft er in einen seiner eigenen Schwinger, Marke Elefantentod, und stürzt zu Boden wie ein vom Blitz gefällter Baum.
Damit sind die männlichen Kampftruppen ausgeschaltet. Das Früchtchen liegt in seiner Ecke, unentwirrbar verstrickt mit dem Ballmädchen, obenauf kniet die Lippenstiftige und ohrfeigt ihn, weil sie vermutet, er wolle diese Verstrickung ungeniert ausnützen.
Der Betankte liegt mit herausgestreckter Zunge neben einer auslaufenden Schnapsflasche und bemüht sich, den Schaden gering zu halten und möglichst viel von dem kostbaren Stoff zu retten. Auf ihn hingestreckt ist der Vergessliche, der laut heult und zetert, weil seine Zehen noch immer eingeklemmt sind. Das Geschrei stört mich. Ich stecke ihm die Ferse des Betankten in den Mund, dem dies gleichgültig ist. Der Boxer schließlich ruht ausgezählt und abgemeldet zu meinen Füßen. Die beiden übrig gebliebenen Mädchen sehen sich in stummer Übereinstimmung an und zucken die Achseln.
„Solche Flaschen", sagt die eine. „Diese Party ist ein totaler Reinfall."
Sie wirft ihre Zigarette auf den Boden und tritt mit dem Absatz darauf. Leider befindet sich die Hand des Vergesslichen darunter, der aufstöhnt, die Augen verdreht und kräftig in die Ferse des Betankten beißt. Den kümmert es

nicht, er ist eingeschlafen.
„Entschuldigung", sagt das Mädchen. „Tut's weh?"
Der Vergessliche rollt wild mit den Augen, antwortet aber nicht, sodass keiner versteht, was er meint.
„Du musst gar nicht eingeschnappt sein", beschwert sie sich daraufhin. „Pass eben besser auf."
„Gehen wir", verlangt die andere. „Hier ist ja doch nichts los."
Sie ziehen ihre Taschen unter den Sesseltrümmern hervor und winken mir zu.
„Ciao Süßer", sagt die mit der Zigarette. „War nett, dich kennengelernt zu haben."
Die andere nickt.
„Ruf uns an, wenn du einmal eine Party gibst, wir lieben Partys, vorausgesetzt es tut sich was."
Sie winken noch einmal und verschwinden im Nebel.
Nette Bienen, muss ich sagen. Leider haben sie vergessen, mir ihre Telefonnummer zu geben.
Ich merke, dass der Stummel ein wenig qualmt, und trete ihn ganz aus. Der Vergessliche rollt wieder mit den Augen. Wenn er so weitermacht, werden sie noch unter einen Kasten rollen, wo er sie nicht mehr findet. Ich schätze, er ist ein hysterischer Typ.
Die Lippenstiftige ohrfeigt fleißig das Früchtchen, obwohl sie schon ein bisschen keucht. Ich überlege kurz und entscheide, dass meine Fragen an Harry Horror nicht so dringend sind, als dass ich da stören wollte.
Besser, ich laufe den Bienen nach. Vielleicht erwische ich sie noch wegen der Telefonnummer. Mit dem Früchtchen spreche ich ein andermal, wenn es nicht so beschäftigt ist.
Ich brauche fünf Minuten, um den Ausgang zu finden. Der Bodennebel ist schuld daran. Als ich auf die Straße komme, sind die Bienen weg – alles nur, weil ich zu lange gewartet habe.
Einen Augenblick denke ich daran, zurück in die Wohnung zu gehen und das Früchtchen nach der Nummer zu fragen. Andererseits will ich die Lippenstiftige wirklich nicht beim

Ohrfeigen unterbrechen. Ich und meine Mutter verkaufen!
Völlig undenkbar, meine Mutter ist längst verstorben. Es wäre
Betrug, wenn ich eine tote Mutter als lebend verkaufen würde.
Und einen Betrüger lasse ich mich nicht nennen. Nein, ich
werde dem Früchtchen keine Ohrfeige ersparen. Hoffentlich
ist die Lippenstiftige gut bei Kondition. Ich laufe doch noch
einmal hinauf und öffne alle Fenster, damit sie frische Luft
tanken kann.

Als ich nun zum zweiten Mal aus dem Haus trete, sehe ich auf
der gegenüberliegenden Straßenseite einen Mann um eine
Ecke biegen. Er ist groß und grauhaarig und – Teufel auch! –
sein Rücken kommt mir sehr bekannt vor.

Dann zündet der Funke!

Ich kenne den Rücken, und nur ihn. Er ähnelt aufs Haar genau
dem Rücken des Kerls, der gestern auf dem Motorrad saß.
Sollte es sich wirklich um diesen Rücken handeln, muss er
dem Burschen gehören, der mir die falsche Handgranate
untergejubelt und das Hinterkopfei verpasst hat.

Er ist es, kein Zweifel! Diesen Rücken werde ich nicht so bald
vergessen.

Ich spurte los, rase Sekundenbruchteile später um die Ecke
und sehe gerade noch das letzte Zipfelchen des Rückens im
Eingang eines großen Kaufhauses verschwinden. Nochmals
über eine Straße. Ich zertrete den Kofferraum eines
vorüberfahrenden Kleinwagens. Der Fahrer ist verärgert, doch
um ihn kann ich mich jetzt nicht kümmern. Rein in das
Kaufhaus und wieder bekomme ich das Rückenzipfelchen zu
Gesicht. Es taucht in den Schatten eines Notausgangs.

Ich renne dorthin und plötzlich endet die Verfolgung mit
einem gewaltigen Knall. Anstelle des Rückens sehe ich eine
Menge Sterne.

Wie das geht? Sehr einfach. Ich bin mit meinem Höllentempo
gegen eine Eisentür gelaufen. Der Tür ist es noch schlechter
ergangen als mir. Sie hängt zerbeult und mit herausgerissenem
Schloss in ihren Angeln. Ein Verkäufer tanzt um mich herum
und jammert.

„Wie konnte das passieren? Die Tür ist immer offen, sie muss geöffnet sein! Irgendein Idiot hat sie geschlossen."
So eine Leuchte von Verkäufer ist das! Natürlich hat jemand die Tür geschlossen. Jemand, der einen verdammt guten Grund gehabt hat, das zu tun – wie man es dreht und wendet, der grauhaarige Rücken hat mich neuerlich übers Ohr gehauen. Das tut fast mehr weh als die frische Beule auf der Stirn. Jetzt ist der Bursche weg und ich habe das Nachsehen. Der Geschäftsführer kommt hinzu und regt sich furchtbar auf. Er hat Angst, ich könnte Schadenersatz verlangen.
Schadenersatz! Ich werde mich hüten, den Vorfall breitzutreten. Soll sich die ganze Stadt über mich das Maul zerreißen?
Ich will mich still und leise davonmachen, aber es ist zu spät. Ein neugieriger Bulle hat zum Fenster hereingespäht und mich erkannt. Er hechelt vor Freude, als er die Neuigkeit über Funk durchgibt.
Jingle Bell, der Superdetektiv, kollidiert im 50-km/h-Tempo mit einer Eisentür. Bell lebt, die Tür ist ihren Verletzungen erlegen.
Ich nehme dem Polypen das Funkgerät weg und werfe es auf das Dach des nächsten Hochhauses. Gleich darauf höre ich aber schon fernes Donnern. Der Bullenpalast! Es ist der Bullenpalast!
Der Bullenpalast lacht so laut, dass man es noch in den Vororten vernimmt. So eine elende Blamage!
Der Polyp fragt, ob er den Krankenwagen holen soll und ob ich die Begräbniskosten für die Tür übernehmen werde. Ich drehe ihm den Hals um, trotzdem verfolgt mich sein Gelächter zwei Straßen weit.
Dieses Gelächter werde ich noch lange hören, das weiß ich. Die offene Rechnung, die ich mit dem Grauhaarigen habe, ist ins Unermessliche gewachsen, auch das steht fest!
Ich fahre nach Hause und verschließe die Eingangstür, um die Pressefritzen fernzuhalten. Das Handy lasse ich klingeln. Ich kümmere mich nicht darum. Ich weiß genau, auf der anderen

Seite hängt Butta, der nichts auf der Welt lieber täte, als mir
im Namen der Polypenschaft sein Beileid auszudrücken.
Bestimmt würde er sich auch erkundigen, ob ich mit der Tür
befreundet war und wohin er den Kranz schicken soll. Nein,
die Freude mache ich ihm nicht. Ich pflege meine Stirn mit
kalten Umschlägen und mein verletztes Ich mit kaltem
Whisky.
So ein verdammtes Pech auch. Ausgerechnet mir muss das
passieren!
Gegen Mitternacht läutet jemand Sturm. Tantchen wacht nicht
auf und ich gehe nicht zur Tür. Heinrich VIII. beschwert sich
lautstark. Ich ertrage den Lärm nicht länger und gehe doch.
Es ist Theo. Der fehlt mir gerade. Außerdem hat er gewaltig
geladen. Er ist ganz aus dem Häuschen. Er trinkt auf einen
Zug mein Glas aus und sagt: „Du hast recht gehabt! Wir
haben recht gehabt!"
„Hör zu", sage ich. „Willst du nicht verschwinden? Ich bin
nicht in der Stimmung, deine Halluzinationen mit ins Bett zu
nehmen. Dorthin gehe ich nämlich jetzt."
Wenn Theo geladen hat, ist er noch unansprechbarer.
„Sie haben gestritten wie sechs Sardinen, bevor sie in die
Dose kommen."
„Worüber streiten die Sardinen?", frage ich unvorsichtig.
„Na, sie streiten, wer oben liegen darf!", wiehert er.
Ja, liebes Publikum, das sind so die Witze meines Partners.
Ich will ihn die Stiege hinunterwerfen, da fügt er ganz
vernünftig hinzu: „Zuletzt haben sie den Major gefeuert."
Ich werfe ihn nicht hinaus. Im Gegenteil, ich schenke ihm
nach. In mein eigenes Glas. Ausgerechnet Theo bringt die
erste gute Nachricht des Tages. Er wiederholt jede Einzelheit
dreimal, ich verzeihe ihm.
Das ist der Tenor seiner Geschichte: Ich habe den Vorstand
der Umweltschützer so weit beunruhigt, dass Melloni eine
Krisensitzung einberufen hat. Dort ist es, wenn Theos
Informationen stimmen, ganz hoch hergegangen. Schließlich
hackten alle auf dem Greifenkopf herum, weil der die

Kleiderschrank-Oma bei mir angeschwärzt hat. So was lässt sich ein alter Soldat natürlich nicht gefallen. Ob er nun von sich aus gegangen ist oder seine Kollegen ihn abserviert haben – jedenfalls gehört er dem Vorstand nicht länger an.
Es war kein harmonischer Abschied, im Umweltbüro rauchen noch die Trümmer.
Ein Ziel haben wir demnach erreicht. Mit der Einigkeit der Initiative ist es nicht mehr weit her.
Ich lasse Theo auf der Couch schlafen und gehe zufrieden zu Bett.

Kleiderschrank knackt Torpedo

Auf diese Ereignisse folgen die Pfingstfeiertage, und das ist ein Glück für mich. Nicht umsonst heißt Monakree die Stadt des tanzenden Hahns. An Festtagen ist immer allerhand los, da gerät mein Missgeschick mit der Eisentür rasch in Vergessenheit. Von Arbeit ist an diesem Wochenende natürlich keine Rede, das ist klar. Feiertage sind Feiertage. Das bedeutet volle Zellen, volle Krankenhäuser, ein volles Leichenschauhaus und noch viele andere Vergnügungen. Am Dienstag hat die Stadt einen Riesenkater, das heulende Elend, wahre Abgründe an Gedächtnislücken und Schmerzen bis in die Haarspitzen. Aber dennoch sind sich alle einig: Es war wieder ein wunderbares Fest!
Die Glastür zum Büro ist nur angelehnt. Als ich es vorhin verlassen habe, ist sie satt ins Schloss gefallen. Der Fisch hat angebissen. Jetzt bleibt nur noch die heikle Frage zu klären: Ist es der richtige Fisch?
Ich öffne die Tür sehr vorsichtig. Im Besuchersessel sitzt ein Mann mit der Figur einer Bohnenstange und einem ernsten Gesicht. Ja, es ist beinahe schon ein würdiges Gesicht. Hager, mit dunklen, tief liegenden Augen und grauen Strähnen im schwarzen Haar – ganz eindeutig das würdige Gesicht Vic Mellonis, des Exrichters, Anwalts und Vorsitzenden der Umweltschützer, die wahrscheinlich für die Sabotage in den Chemiefabriken verantwortlich sind.
Der richtige Fisch!
Die würdige Bohnenstange zappelt am Haken, ohne es zu ahnen. Jetzt kommt es darauf an, sie sicher einzuholen. Melloni steht auf und schüttelt mir förmlich die Hand.
„Sie kennen mich ja", sagt er.
„Ich kenne meine Tür", erwidere ich. „Die folgt mir aufs Wort. Die springt nie von alleine auf."
„Komisch", sagt er und lächelt. „Vorhin war sie nur angelehnt. Deshalb dachte ich, ich könnte ebenso gut herinnen auf Sie warten. Ich muss Sie dringend sprechen."

„Vielleicht habe ich mich getäuscht", lenke ich ein und setze mich.
„Ich will nicht lange um den heißen Brei herumreden", hebt die Bohnenstange an. „Sie haben in den vergangenen Tagen viel Unfrieden gestiftet. Das wird Ihre Auftraggeber, allen voran den lächerlichen Giftzwerg Gerstenkorn, bestimmt freuen. Mir passt es aber nicht. Ich bin gekommen, um Sie zu warnen. Sie stehen auf der falschen Seite."
Er ist gekommen, um mich zu warnen! Das finde ich nett.
„Ja, auf der falschen Seite", wiederholt er. „Ich kann Ihnen auch erklären, warum."
Er unterbricht sich und zündet mit einem goldenen Feuerzeug einen Glimmstängel an. Goldenes Feuerzeug, was für eine Untertreibung. Das ist ein Goldbarren, der zufällig Feuer geben kann.
„Sie müssen wissen", fährt er fort, „dass ich mich höchstwahrscheinlich bei den kommenden Wahlen bewerben werde."
Er bleckt Zähne, die für eine würdige Bohnenstange viel zu groß und breit sind.
„Meine Chancen stehen gut. Durchaus möglich, dass ich in einigen Wochen Bürgermeister bin. Das fürchten der lächerliche Giftzwerg und sein Giftmischerverband viel mehr als die paar Sabotagefälle. Wahrscheinlich hat er Sie darüber nicht informiert."
„Hat er doch", sage ich. „Und soviel ich weiß, könnten Ihnen die paar Sabotagefälle die Suppe kräftig versalzen."
Die Bohnenstange beginnt zu lachen. Das ärgert mich. Ich habe nichts gegen Bohnenstangen, die würdig aussehen, rauchen oder ihre Zähne blecken, aber wenn sie mich auslachen, dann gefällt mir das nicht.
„Sie haben keinen einzigen Beweis, Bell", lacht er. „Sie können Wind machen und einen Hohlkopf wie den Major bluffen, mehr können Sie nicht."
„Sind Sie sicher?", frage ich.
Er mustert mich herablassend.

„Ganz sicher. Vergessen Sie nicht, ich bin Anwalt. Wenn Sie uns schaden wollen, müssten Sie schon schwarz auf weiß belegen, dass die Bürgerinitiative die Störmanöver ausgeführt oder angestiftet hat. Das wird Ihnen nicht gelingen."
Sie ist ordentlich selbstbewusst, die Bohnenstange. Das passt mir gut. Ich schaue sie zweifelnd an.
„Warum eigentlich nicht?"
Er senkt die Stimme.
„Ich will ganz offen sein. Ihnen würde nur eine Aussage helfen. Aber es wird niemand aussagen. Nicht einmal der Hohlkopf von Major, denn damit würde er sich selbst belasten – das ist sogar ihm klar."
Teufel auch, denke ich. Das ist mehr, als ich erwarten durfte, das ist fast ein indirektes Geständnis!
Die Bohnenstange scheint zu wissen, was in mir vorgeht. Sie grinst breit und sagt: „Keine Sorge, ich werde das nicht öffentlich wiederholen. Und nachdem jeder weiß, dass Sie für die Giftmischer arbeiten, ist Ihr Zeugnis wertlos. Außerdem hätten Sie sofort eine Verleumdungsklage am Hals."
Der Bursche ist nicht zimperlich, das muss ihm der Neid lassen. Ich frage: „Was wäre, wenn jetzt ein Tonband mitliefe?"
Er schmunzelt selbstgefällig und schweigt.
„Ach ja!", rufe ich, als ob es mir eben erst einfallen würde. „Die angelehnte Tür! Sie haben wirklich an alles gedacht."
Er bestreitet nicht einmal formhalber, dass er mein Büro durchsucht hat. So ein eiskalter Kerl ist das.
„Ich wollte Sie nur über Ihre Situation aufklären", sagt er. „Damit klargestellt ist, dass Sie mich bestimmt nicht aufhalten können. Da wäre aber trotzdem noch was. Sie sind zwar nicht gefährlich, doch Sie sind lästig. Die Lizenz wird Ihnen vom Bürgermeister erteilt, der Bürgermeister kann Sie Ihnen auch wieder entziehen. Wenn ich nun Bürgermeister wäre, und das könnte bald der Fall sein ..."
Ich bin nahe dran, den Kerl zu bewundern. Jetzt droht er mir noch! Die Bohnenstange bricht in mein Büro ein, durchsucht

es, lässt durchblicken, dass sie für die Sabotage zumindest mitverantwortlich ist, und droht mir zu guter Letzt mit dem Entzug meiner Lizenz.
Das ist wirklich ein
starkes Stück!
Trotzdem muss ich an mich halten, um ein ernstes Gesicht zu bewahren. Es ist nicht einfach, ich platze fast vor Lachen. Aber das lasse ich mir nicht anmerken. Ich tue, als ob mir vor Entsetzen die Knie wackelten, die Hosen schlotterten, die Nerven flatterten, und frage ängstlich: „Was soll ich denn tun?"
Die Bohnenstange betrachtet mich verächtlich.
„Es wundert mich wirklich, wie Sie meine Leute erschrecken konnten. Sonderbar ... Was Sie tun sollen? Das müssten Sie selbst am besten wissen. Lassen Sie den Auftrag fahren und geben Sie Ruhe, dann wird sich alles einrenken."
Er ist einmalig unverschämt.
Eigentlich würde mich nichts daran hindern, ihn hinauszuwerfen, denn der Fisch liegt auf dem Trockenen. Das Schönste daran ist, er merkt es noch immer nicht!
Doch da bleibt die Kleinigkeit mit der falschen Handgranate, dem grauhaarigen Rücken, dem Ei auf meinem Hinterkopf, der Beule auf meiner Stirn und dem Gelächter im Präsidium.
Ich fasse ihn ganz scharf ins Auge, so scharf, dass er davon eine runzlige Stirn bekommt.
„Spielen Sie gern mit Handgranaten?", erkundige ich mich.
„Oder stammt die Idee von dem Früchtchen Harry Horror?"
Donnerwetter, da schaut die Bohnenstange verständnislos aus der Wäsche!
„Wer ist der grauhaarige Rücken?", bohre ich weiter. „Jetzt kommt es für Sie ja nicht mehr darauf an. Ich habe nur eine kleine private Rechnung mit ihm zu begleichen."
Nein, sie verstellt sich nicht! Die Bohnenstange hat tatsächlich keine Ahnung, wovon ich spreche, es sei denn, sie wäre der beste Schauspieler, den die Welt je gesehen hat, und das glaube ich nicht.

In Mellonis Augen schleicht sich ein Schimmer Besorgnis.
„Vielleicht sind Sie einfach überarbeitet", sagt er, „und benötigen Urlaub. Die Luft in der Stadt ist ja wirklich nicht die beste, darunter leiden viele."
Rührende Bohnenstange! Nun macht sie sich auch noch Sorgen um meine Gesundheit.
Aber ich komme um die bittere Erkenntnis nicht herum, dass sie, was den Grauhaarigen betrifft, wirklich ein reines Gewissen hat. Bitter ist nicht übertrieben, ich habe fest damit gerechnet, der Umweltchef würde mir einen Hinweis auf den unbekannten Rücken liefern.
„Überlegen Sie es sich", meint die Bohnenstange und steht auf. „Vergessen Sie aber vor allem eines nicht: Lassen Sie uns in Ruhe! Denken Sie an Ihre Lizenz, Bell."
„Klar", erwidere ich und grinse, „im Italiener gibt es keine Fahrstühle."
Das haut ihn aber um! Dabei versteht er es noch nicht einmal, denn wenn er es verstünde, dann fiele ihm jetzt die Kinnlade auf den Boden und würde wochenlang lang dort liegen bleiben. So aber glaubt er, ich hätte vollends den Verstand verloren und sagt gar nichts mehr, sondern geht rasch hinaus.
Jetzt muss ich die Sache mit dem Fahrstuhl aufklären, damit keine Missverständnisse aufkommen. Vorher nehme ich noch das Blumenmikrofon aus dem Knopfloch und spule das Minidiktiergerät zurück. Jedes Wort unserer Unterhaltung tönt klar und deutlich aus dem Lautsprecher, auch jene Passage, auf die es mir besonders ankommt.
Nun soll niemand glauben, ich liefe immer mit diesem Ding in der Tasche herum, nein, aber die gute Bohnenstange war zu selbstsicher und zu unvorsichtig. Das bringt mich wieder auf den Fahrstuhl.
Punkt neun Uhr hatte mich Melloni angerufen, mit verstellter Stimme, versteht sich. Er nannte keinen Namen, behauptete nur, er melde sich aus dem italienischen Restaurant, das fünf Minuten entfernt ist, und hätte wichtige Informationen für mich. So was passiert recht häufig.

„Im italienischen Restaurant?", vergewisserte ich mich.
„Ja. Kommen Sie gleich."
Dabei quietschte im Hintergrund der Lift. Der Lift unseres Bürohauses! Vielleicht bezweifelt der eine oder andere, dass ich unseren Hauslift nur am Hintergrundquietschen erkenne. Tatsächlich ist es aber so. Unser Lift quietscht auf eine Art, die in Frequenz, Rhythmus und Melodie absolut einzig und unverwechselbar ist. Ein musikalischer Mensch vergisst ihn nie, so wenig wie eine Opernpremiere mit den berühmtesten Stars. Ich für meinen Teil ziehe unseren Lift sogar vor. Er hat etwas Erhebendes.
Nun war mir natürlich auf der Stelle klar, dass mich da jemand aus dem Büro locken wollte. Der Bursche telefonierte nicht aus dem Restaurant, sondern aus der Eingangshalle. Nachdem ich das wusste, war ich im Vorteil und konnte mich getrost auf sein Spiel einlassen. Klar, dass ich einige Vorbereitungen traf, unter anderem die mit dem Diktafon. Ich trabte brav aus dem Haus, ließ dem Anrufer eine Viertelstunde Zeit und finde bei meiner Rückkehr prompt die Bohnenstange vor.
Natürlich hätte auch ein anderer auf mich warten können, zum Beispiel der grauhaarige Rücken persönlich, doch auf den wäre ich ganz besonders gut vorbereitet gewesen, das darf mir jeder glauben.
Jedenfalls hat sich das Spiel gelohnt.
Die Bohnenstange wollte auf Nummer sicher gehen, mich einschüchtern, und ist dabei ins Wasser gefallen.
Ich freue mich schon auf die Miene des Luftballons, wenn er hört, wie sein Lieblingsfeind ihn einen lächerlichen Giftzwerg nennt. Damit ich nicht zu lange darauf warten muss, melde ich mich gleich an und fahre los.
Das Zähneknirschen des Luftballons beim ‚Giftzwerg' übertrifft alle Erwartungen! Gut, dass bald der Teil folgt, in dem sich die Bohnenstange die Blöße gibt und davon spricht, dass sich der Major mit seiner Aussage selbst belasten würde. Da jauchzt der Luftballon!

Er lässt den Satz fünfmal hintereinander ablaufen. Die Stelle, an der ich nach der Handgranate frage, versteht er natürlich nicht. Ich berichte von der Episode und der Drohung, die die Kapsel enthielt.
Er zeigt sich sehr besorgt, der Luftballon. Er gibt seiner Hoffnung Ausdruck, dass es sich nur um einen schlechten Scherz gehandelt habe, und falls nicht, so versichert er, würde die ULIBA-AG natürlich einen Kranz spenden, darauf könne ich mich verlassen.
Ich glaube nicht recht daran, da hieß es, zuvor noch den Aufsichtsrat zu überzeugen.
„Das haben Sie gut gemacht", wiederholt der Luftballon mehrmals. „Doch für eine Strafanzeige ist es leider zu wenig, Sie wissen ja, wie Anwälte sind."
Damit spielt er auf einen stadtbekannten Vorfall an. Fünf betrunkene Paragrafenritter hatten einem minderjährigen Mädchen einen Kaugummi mit Himbeergeschmack aus dem Mund geraubt und unter sich aufgeteilt. Die Sache kam vor Gericht. Zuletzt wurde das Mädchen in eine Erziehungsanstalt eingewiesen und seine Eltern mussten jedem der Rechtsverdreher eine Großpackung Himbeergummi kaufen. Der Fall ging durch alle Zeitungen. Viele waren der Meinung, hier hätte eine Rechtsbeugung zugunsten der verwahrlosten Kleinen und ihrer kriminellen Erzeuger stattgefunden – das meint der Luftballon, wenn er von Anwälten redet.
Ich muss zugeben, der Bohnenstange fiele es wahrscheinlich nicht schwer, die Sache so darzustellen, als hätte ich selbst den Einbruch in mein Büro sowie die Sabotageanschläge auf dem Gewissen.
Immerhin freut sich der Luftballon, dass er nun überhaupt etwas gegen Melloni in den Händen hält. Gleichzeitig fordert er mich auf, unverzüglich weiterzuarbeiten und neue Beweise beizubringen, damit dem elenden Gesindel endlich das Handwerk gelegt werde.
Er tut ganz so, als ob dies nicht schwieriger sei, als einmal tief durchzuatmen. So einfach stellt er es sich vor, der Luftballon.

Ich kehre ins Büro zurück, wo ich von Theo erfahre, dass er nun alle Juxartikelhändler abgeklappert habe. Das Ergebnis ist negativ, allerdings verfügt mein Partner ab sofort über etliche Dutzend falscher Handgranaten, weil er es nicht fertigbringt, mit einem Verkäufer zu sprechen, ohne ihm etwas abzukaufen. Nicht aus Mitleid, nein – doch selbst der schwachsinnigste Verkäufer kann ihn vom schwachsinnigsten Produkt überzeugen, das ist das Problem. Es ist ein gemeinsames Problem, denn Theo betrachtet den Betrag, den er für die Granaten berappt hat, als Betriebsausgabe.

Am Abend findet sein Kaffee- und Kuchenbesuch bei der Kleiderschrank-Oma statt. Ich erzähle ihm von meinem Auftritt bei ihr. Ich erwähne eine Menge Einzelheiten und das ist ein schwerer Fehler. Klar, dass ihn die goldenen Büstenhalter den ganzen Nachmittag über beschäftigen, aber mein Fehler ist anders gelagert. Ich glaube, er hat mit meinem Anteil an dem Verhängnis zu tun, das mich in diese Partnerschaft getrieben hat.

Es kommt, wie es kommen muss: einige Stunden später, in Tantchens Haus, ein klägliches Läuten an der Tür. Draußen steht Theo. Ein vollkommen fertiger Theo, ein Theo auf dem Zahnfleisch kriechend, ein Theo auf Halbmast – ein herzerquickender Anblick! Ein Anblick, der meine Lippen unwiderstehlich auseinanderzwängt und mich grinsen lässt, obwohl mich der Kerl schon wieder heimsucht.

„Was gibt es denn?", grinse ich. Es ist ein Grinskrampf. „Geht es dir nicht gut?"

„Sie hat mich rausgeschmissen", stöhnt er, „nachdem sie mich verprügelt hat."

Da begreife ich erst, dass er ja beruflich unterwegs war, und stöhne selbst. Die kleine Pestbeule hat garantiert alles falsch gemacht, und, wer sagt's denn, genauso ist es!

Anfangs sei alles gut gegangen, behauptet er. Bis ihn die Kleiderschrank-Oma ins Wohnzimmer geführt hat, das er von meiner Schilderung her kannte. Was tut der Angeber, kaum ist er drinnen? Er prahlt mit seinen botanischen Kenntnissen,

deutet auf eine Topfpflanze und sagt, diese
Gummibaumimitation sei sehr gut gelungen, doch einen wie
ihn könne sie nicht täuschen.
Die Oma ist beeindruckt. Sie fragt, woran er das denn
erkenne, er wäre nämlich der Erste. Theo meint, so was sei für
ihn kein Problem, geht hin und zerlegt die Pflanze mit einigen
Handgriffen in ihre Bestandteile.
Jetzt wird die Oma bösartig, sie ist ja nicht auf den Kopf
gefallen. Sie fängt an zu toben und erklärt dem Idioten, sie
besitze zwar sehr wohl eine Gummibaumimitation, die stünde
aber in ihrem Schlafzimmer und der Gummibaum hier sei
kein Gummibaum, sondern eine sehr lebendige Aralie. Das
heißt, er sei eine solche gewesen, und ihm solle es nicht besser
ergehen als ihr, der Aralie, denn sie, die Schrank-Oma, halte
ihn für einen unseligen Spion, weil nur ein Mensch den
Gummibaum in ihrem Wohnzimmer gesehen habe, wobei
Mensch freilich nicht die Bezeichnung sei, an die sie in
diesem Zusammenhang denke. Sie lasse Theo überhaupt nur
davonkommen, damit er diesem Stück Mist ausrichte, was für
ein ... – hier folgt eine lange Reihe ausgesuchter
Schimpfwörter, die mein Partner trotz seines schlechten
Gedächtnisses alle behalten hat, nur damit er sie jetzt
wiederholen kann. Das Wiederholen bereitet ihm sichtlich
Vergnügen.
Mein Gott, denke ich, was habe ich dir angetan, dass du mich
derart strafst! Es muss etwas Schreckliches gewesen sein,
vielleicht sogar in einem anderen Leben.
Theo nimmt seinen Hut ab und führt eine prächtige Beule vor.
Ich drücke kräftig darauf, aber er stöhnt nur, der Schädel ist
nicht gebrochen.
„Das Tablett", klagt er. „Mit einer Weinflasche darauf." Ich
bemitleide die Flasche.
„Schade darum", sage ich. Er nickt betrübt.
„Eine Trockenbeerenauslese."
„So was Kleines?", frage ich enttäuscht. „War das Tablett
hart?"

„Eiche", jammert er.
„Gut", brumme ich. „Das mit der Beule, über den Rest reden wir später. Ich muss erst irgendwas Hübsches ansehen, damit ich deinen Anblick vergesse. Eine verrostete Mülltonne zum Beispiel."
Theo überlegt angestrengt und strahlt dann Erleichterung aus.
„Dann war es wohl nicht so schlimm, wie?"
Ich gebe auf und laufe schnurstracks auf den Balkon. Ich will mich hinunterstürzen. Ich tue es dann doch nicht, es wäre Verschwendung. Stattdessen gehe ich in die Wohnung zurück, um Theo zu holen und ihn hinunterzuwerfen. Doch der ist schon weg.
Wahrscheinlich hat er mich auf dem Geländer gesehen und ist sofort ins Büro gerannt, um meinen Namen von der Glastür zu kratzen.

Einem Affenstall fehlt Sugo

Am nächsten Morgen rekapituliere ich erst einmal den Fall, weil ich nach den Ereignissen der vergangenen Tage selbst schon verwirrt bin. Ich fürchte, die Zusammenarbeit mit Theo macht sich bei mir bemerkbar.
Das hat sich abgespielt:
Vor einer Woche erscheint Gerstenkorn, der Luftballon, im Büro. Er will, dass ich die Sabotage abstelle und in einem Aufwaschen auch Vic Melloni, den er mehr fürchtet als der Teufel das Weihwasser, um seine Wahlchancen bringe.
Ich lege mir daraufhin einen Plan zurecht. Theo soll sich in die Reihen der Umweltschützer schmuggeln, ich selbst beginne damit, den Vorstandsmitgliedern auf die Zehen zu treten.
Zunächst dem Unschuldsengel Wunderauge, der fliegende Briefbeschwerer aus Stahl züchtet, dann Major Greifenkopf, der mir zum Abschied eine Kugel quer durch den Mund jagt, und anschließend der Fahnenmaid, aus der nichts herauszuholen ist, obwohl sie so viel in sich hineingeschüttet hat. Bei ihr treffe ich die Katastrophe mit der total verdorbenen Fantasie. Sie heißt Rosi.
Am selben Abend noch verpasst mir der grauhaarige Witzbold eine Beule und die Handgranate mit der Warnung darin.
Die Interviewreihe setzt sich fort mit der Kleiderschrank-Oma, der ein BH-Starverkäufer abgeht. Es folgt die handgreifliche Auseinandersetzung mit dem Früchtchen Harry Horror und seiner Crew.
Gleich darauf erneuere ich meine kurze Bekanntschaft mit dem grauhaarigen Rücken und lande in einer geschlossenen Eisentür. Das würde ich am liebsten vergessen, aber gerade in solchen Dingen ist mein Gedächtnis unbestechlich.
Der Tag endet versöhnlich: Major Greifenkopf verlässt im Zorn die Bürgerinitiative. Schön.
Gestern taucht Vic Melloni alias würdige Bohnenstange auf und plaudert aus der Schule. Geradewegs auf mein Tonband,

was den Luftballon zum Jauchzen bringt.
Nur reicht ihm das nicht, dem Luftballon. Er verlangt weitere unumstößliche Beweise, einfach so. Dabei habe ich auf Theo gesetzt und verloren.
So steht die Sache. Nicht allzu gut, aber auch nicht allzu schlecht. Immerhin gibt es das Tonband mit Mellonis verfänglichen Sprüchen, nicht wahr?
Doch eines beunruhigt mich: Den Grauhaarigen und seine hübsch verpackte Warnung kann ich noch immer nicht einordnen. Die Warnung habe ich missachtet. Wer weiß, was sich der Bursche nun einfallen lässt.
So weit bin ich mit meinen Überlegungen gekommen und insgesamt nicht unzufrieden, als Theo auftaucht. Er trägt heute einen besonders hohen Hut. Ihn sehen und vorbei mit meiner Zufriedenheit – das ist gewöhnlich ein und dieselbe Sache.
Bis ich merke, dass nicht sein Hut besonders hoch ist, sondern sein Kopf. Die Beule! Die Beule, die ihm die Kleiderschrank-Oma verpasst hat. Mir ist sie von Anfang an nicht unsympathisch gewesen.
„Ich sehe", sage ich erfreut, „du wächst mit deiner Aufgabe."
„Ja", sagt Theo stolz. Ironie versteht er auch nicht. Er betrachtet mich, erfüllt von ernsthaftem Interesse, und fragt zweifelnd: „Bist du gestern wirklich runtergesprungen?"
Der Zweifel ehrt ihn. Immerhin wohne ich im 2. Stock.
Dennoch bin ich dem Smartphone dankbar. Sein Vibrieren bewahrt mich vor der Suche nach einer passenden Antwort – und passende Antworten auf Theos Fragen liegen nicht auf der Straße.
Unser Klient ist am Apparat, der vielseitige Luftballon. Er ist aufgeregt. Er sagt: „Es ist etwas geschehen, das der Affäre eine neue Wendung gibt. Wir müssen Sie sofort sprechen. Beeilen Sie sich."
Mehr will er nicht verraten. Ich packe Theo in den Käfer und fahre zur ULIBA-AG. Der Luftballon erwartet uns bereits und führt uns in ein Konferenzzimmer.

Luftballon hin, Luftballon her, es handelt sich um den Generaldirektor der Firma, und wenn ein Generaldirektor einen Detektiv persönlich erwartet, dann muss etwas Besonderes dahinterstecken. Die Gesellschaft, die sich im Zimmer versammelt hat, spricht auch für diese Annahme. Die Herrschaften gehören, wie der Luftballon erklärt, sämtlich dem Verband der chemischen Industrie an, und sie sind ganz aus dem Häuschen. Mit unserem Klienten sind es sieben Leute, eine Frau und sechs Männer. Ein beachtliches Aufgebot für einen einfachen Schnüffler, möchte man meinen; aber das weise ich zurück, ich bin kein einfacher Schnüffler. Dennoch: Beachtlich ist es.
Der Luftballon übernimmt den Vorsitz und trommelt mit seinen Würstchenfingerspitzen so lange auf die Tischplatte, bis alle verstummen, dann sagt er an meine Adresse gerichtet: „Es scheint, als sei Sam Sugo verschwunden. Wie Sie wissen, leitet er das bedeutendste Unternehmen unserer Branche."
Ein großer, aufgeschwemmter Rotgesichtiger mischt sich umgehend ein.
„Es scheint nicht nur so, er ist verschwunden und das geht entschieden zu weit. Wenn wir dem Treiben dieser Bande nicht endlich einen Riegel vorschieben, wird sie uns noch alle …"
„Ganz recht, Farnkraut", zischt der Luftballon. „Ganz recht. Deshalb ist Bell hier. Darf ich fortfahren?"
Der Rotgesichtige schnaubt beleidigt und schweigt. Sofort beginnen drei andere zu reden. Es geht tatsächlich zu wie in einem Affenstall, und der arme Luftballon ist sein Präsident. Er wird knallrot und zischt in einem fort, so, als ob es ihm endgültig an den Gummikragen ginge.
Nach mehreren turbulenten Minuten bekommt er die Horde wieder unter Kontrolle und berichtet, was er bis jetzt erfahren hat.
Demnach schloss Sam Sugos Sekretärin heute Morgen um sieben die Tür zum Büro ihres Chefs auf, wie sie es jeden Tag tut. Das heißt, verbessert sich der Luftballon, sie wollte

aufschließen, aber die Tür war gar nicht versperrt.
Das war ungewöhnlich. Noch ungewöhnlicher fand sie, dass zwei benutzte Gläser auf dem Schreibtisch standen, eines davon mit Lippenstift verschmiert. Als diskrete Sekretärin bestand ihre erste Reaktion darin, diese Gläser säuberlich abzuwaschen. Dann setzte sie sich an ihre Arbeit. Da war es kurz vor acht.
Zu diesem Zeitpunkt ist Sugo eine Viertelstunde überfällig – noch kein Grund zur Sorge. Bald darauf benötigt sie ein Dokument aus dem Safe. Sie öffnet ihn und entdeckt, dass Bargeld und Papiere fehlen; ziemlich wichtige Papiere, ziemlich viel Bargeld. Das macht sie endlich stutzig.
Die offene Tür, erklärt sie später, käme manchmal vor, wenn der Chef länger blieb als sie. Er sei hin und wieder ein wenig zerstreut – doch vergaß er eigentlich nie, halbwegs pünktlich in der Firma zu erscheinen, und vor allem würde er den Safe nicht ausräumen. Das erledigten schon die Geier von der Finanz.
Die Sekretärin verständigte den Werkschutz und telefonierte mit Sugos Frau Sally. Von der erfährt sie, dass der Boss seit gestern früh nicht zu Hause erschienen sei, und dann noch, was sie, Frau Sugo, von ihrem Gatten halte. Aber das weiß die Sekretärin längst. Das wissen fast alle.
Mittlerweile hat sich der Leiter des Werkschutzes der Angelegenheit angenommen. Er verständigt die Polypen und gleich darauf den Luftballon, der wiederum diese Krisensitzung einberuft.
Bis jetzt scheint lediglich mit einiger Sicherheit geklärt, dass sich Sugo nicht auf dem Firmengelände aufhält, obwohl sein Wagen knapp außerhalb des Areals gefunden wurde, leer, neben einem unbewachten, sorgfältig versperrten Seiteneingang.
Der Portier der Sugo-Werke nimmt es auf seinen Eid, dass sein Chef am Vortag gegen 17 Uhr mit diesem Wagen das Haupttor passiert habe. Allein.
„Es besteht überhaupt kein Grund, an der Aussage des Manns

zu zweifeln", sagt der Luftballon. „Die Polizei ermittelt natürlich weiter. Sie hält uns auf dem Laufenden, behauptet sie. Sie wissen ja, wie prekär unsere Situation ist. Einen Zusammenhang mit den Sabotageakten kann man keinesfalls ausschließen, deshalb wünschen wir, dass auch Sie sich mit dem Fall befassen."
Einspruch, Freunde! Ich bin überhaupt nicht sicher, dass alle sich das wünschen, denn kaum hat der Luftballon zu Ende gesprochen, beginnt die Affenhorde erneut zu toben.
Grob vereinfacht hauen zwei Parteien aufeinander ein.
Die erste tippt auf ein Verbrechen. Entführung, Mord, Raub oder eine Kombination davon. Die zweite glaubt, der gute Sugo habe sich einfach grußlos davongemacht. In Begleitung eines weiblichen Geschöpfes, versteht sich. In seiner Ehe steht es nicht zum Besten, das ist bekannt, dazu das Glas mit den Lippenstiftspuren …
Das Bargeld aus dem Safe braucht ein Ausreißer nun einmal, der Safe ist übrigens unbeschädigt, und der verlassene Wagen? – Vielleicht besitzt sie einen bequemeren.
Diese Fraktion ist der Ansicht, Sugos Liebesleben sei seine Sache und nicht die meine oder, im Klartext:
Sie kann sich eine bessere Verwendung für ihr Geld vorstellen, als damit die Jagd nach dem liebestollen Kollegen zu finanzieren. Besonders die Lady in der Runde vertritt diese Anschauung, und wie sie die vertritt!
Sie hat eine nadelspitze Zunge und trägt rasiermesserscharfe Fingernägel, die sie jeden Moment einzusetzen droht. Wenn sie darüberbläst, sehe ich die Luft vor Angst schwitzen. Vielleicht hat sie aber auch nur einen sehr feuchten Atem, ich weiß es nicht, ich sitze ihr nicht gegenüber. Trotzdem wird mir beim Anblick ihres Arsenals angst und bange um den empfindlichen Luftballon. Zuletzt siegt doch seine Partei mit dem Argument, dass ich die Aufgabe schon deshalb übernehmen solle, damit sie Klarheit erhielten, was nun wirklich passiert sei. Das leuchtet endlich allen ein und nach den Erfahrungen der vergangenen Monate trauen sie mir

klarerweise mehr zu als den Bullen. Ein Standpunkt, den ich problemlos mit dem Affenstall teile.
Sie fragen mich, ob ich mit der Ausweitung meines Auftrags einverstanden sei. Bin ich. Weil der Luftballon darauf besteht, sage ich ihm, dass mir die Ausreißerversion am plausibelsten erscheint, sofern nicht ganz neue Aspekte auftauchen, denn Sam Sugo könnte ja einem Verbrechen zum Opfer gefallen sein, das mit seinem Beruf und der Sabotage nichts zu tun hat. Diese Ansicht passt dem Luftballon gar nicht, er sähe zu gerne Melloni mit bluttriefenden Händen vor den Kameras stehen. Bei allem Verständnis für ihn – ich glaube nicht daran! Mellonis Umweltschützer, die vielleicht Flöhe aussetzen und Zucker mit Salz vertauschen, als Mord- und Raubbande; nein, Leute, das passt nicht zusammen. Der einzige Greifenkopf schießt gerne scharf, aber der hockt längst zwischen den Eichen auf seiner amputierten Pagode und schmollt, weil ihn die Kameraden gefeuert haben. Ganz besonders ein Punkt spricht für Sam Sugos Flucht: Sally Sugo! Das höre ich aus vielen Gesprächsfetzen heraus und sogar der Luftballon muss es zugeben. Seine glatte Haut wird schrumplig, wenn er an Sally denkt. Dabei ist er ja nicht einmal mit ihr verheiratet.
Obwohl sie ihnen nichts zutrauen, verlangen zwei oder drei Stimmen aus dem Affenstall, ich möge eng mit den Bullen zusammenarbeiten. Sie glauben, so könne ich Zeit und vor allem Geld sparen.
Unschuldslämmer. Wenn wir an ein und denselben Fall geraten, verraten mir die Polypen nicht einmal, ob es im Hinterhof vom Präsidium regnet oder die Sonne scheint. So läuft das!
Ich sage trotzdem Ja, sie müssten mir dafür aber eine Auftragsbestätigung geben, dann ließe sich vielleicht was machen. Das ist natürlich ein Vorwand, der mir aber sehr gelegen kommt. Wer traut schon der mündlichen Zusage einer zerstrittenen Affenhorde? Ich nicht.
Es dauert lediglich eine Stunde, bis wir uns auf den Text einigen, und das bestätigt, wie dringend ich ihn benötige. Als

alle unterschrieben haben, wende ich mich an Theos Platz und sage: „Gehen wir."
Ziemlich peinlich, denn von Theo ist weit und breit nichts zu sehen. Der Schuft hat mich sitzen lassen und ist zu einer Süßen ins Vorzimmer desertiert. Als ich ihn finde, legt sie ihm gerade feuchte Umschläge auf seine Eichentablett-Beule. „Lass dich in deiner Freizeit pflegen", sage ich erbost. „Und nicht den Kopf, das ist Verschwendung."
Wenn man den Blick, den mir die Süße zuwirft, fotografieren würde, bliebe im Film nur ein Loch. So ein Blick ist das. Ich weiß wirklich nicht, was der Zwerg mit ihnen anstellt. Er steht auf und lächelt tapfer und säuselt: „Vielen Dank, Häschen. Jetzt geht es mir besser."
Häschen! In der kurzen Zeit Häschen!
Wir gehen und dabei bin ich froh, dass mir das Häschen nicht mit seinem PC das Rückgrat bricht.
Ich presche zum Büro zurück und halte mit der Lupe Ausschau nach Theos Blechschachtel. Er fährt die Miniversion eines Kleinstwagens. Wenn eine Ratte aus dem Rinnstein läuft, kann er dort parken. Die Ratte darf mager sein.
„Fahr zum Major", sage ich, nachdem wir sein Vehikel gefunden haben. „Erzähl ihm, dass du mein Partner bist, der verrät es hoffentlich niemandem. Bestimmt ist er auf Vic Melloni nicht gut zu sprechen. Vielleicht will er ihm sogar den Rauswurf heimzahlen, wer weiß. Ein Versuch kann nicht schaden. Wenn du ihm gefällst, lass dich adoptieren. Einen schlechten Geschmack hat er und stinkreich ist er außerdem."
Das mit der Adoption ist reines Wunschdenken und die Andeutung, er könnte aus dem Major etwas herausholen, mache ich nur, weil ich ihn ohne Diskussion loswerden will. Theo glänzt vor Glück über die wichtige Aufgabe. Zuviel Glück, denke ich und füge hinzu: „Falls er dich erschießen sollte, nimm's ihm nicht übel. Es ist eine Marotte von ihm."
„Macht mir überhaupt nichts", strahlt Theo großzügig.
Als ich schon hundert Meter weit weg bin, sehe ich im

Rückspiegel doch noch etwas Kleines am Straßenrand bleich werden. Da hat er begriffen!

Die Dauerwurst ist verstimmt

Ich bin neugierig darauf, Sally Sugo kennenzulernen. Sie muss ein rechtes Herzchen sein, darüber herrscht im Affenstall ja Einigkeit.
Die Sugos wohnen in den Vorbergen. Dort sind noch die Spatzen so eitel, dass sie nur auf frisch gewaschenen Zwölfzylinderkarossen herumhüpfen und ihre Patzen hinterlassen. Wenn sie keine wirklich frisch polierten finden, platzen sie lieber, hat mir jemand erzählt.
Klar, dass hier die Swimmingpools 30 Meter tief sind, damit man richtig tauchen kann, und die Garagen mit echten Persern ausgelegt. Sogar die vom Personal. Und wer keinen komplizierten Krankheitsfall in der Familie hat, lässt sich von weltberühmten Koryphäen einen erfinden, sonst hat er auf den Partys nichts zu melden.
Es gibt noch einen triftigen Grund, in den Vorbergen zu wohnen. Riesige Windmaschinen sorgen für frische Luft und achten darauf, dass nichts aus den Schloten des Industriegebiets heranweht.
Viele Berühmtheiten haben sich deshalb hier niedergelassen. Damit meine ich echte Berühmtheiten, Leute, die wirklich etwas geleistet haben, nicht Kroppzeug, das zufällig irgendwann an die Oberfläche gespült wird wie Staatspräsidenten oder Filmschauspieler.
Ich denke dabei an MP-Charly, der nicht weniger als achtzig Banken überfallen und 240 Wachleute umgelegt hat – exakt drei je Bank. Seine Villa war einem Tresor nachempfunden. In seinem Hang zum Detail vergaß Charly nicht einmal die Dynamitladung daran. Heute noch ist ungeklärt, wer sie gezündet hat.
Damals wurden eine Menge Bauplätze frei, nicht nur der von Charly, deshalb tippten viele auf den Verein krimineller Bodenspekulanten, ein hoch angesehener Zirkel.
Tatsächlich zählte MP-Charly aber noch nicht einmal zu den wahrhaft Großen der Vorberge. Die mochten mit ihm gar

nichts zu tun haben, die hielten seine Arbeitsmethode (exakt drei je Bank) für einen reinen Werbegag. Gerade gut genug, um die Presse freundlich zu stimmen.
Nicht undenkbar, dass einer von denen die Hand an der Zündschnur hatte, aus purer Hygiene, um die Nachbarschaft von dem Angeber zu reinigen.
Natürlich leben auch weniger Berühmte hier. Industrielle wie Sam Sugo, tüchtige Politiker, fleißige Aufsteiger aller Art. Entscheidend ist die Dicke der Goldschicht, die man besitzen muss, um damit den Boden zu bedecken, den man dann bebauen darf. Alle Makler, die in den Vorbergen tätig sind, beklagen kaputte Stoßdämpfer und Kreuzleiden von den vielen schweren Geldkoffern, mit denen sie hantieren. Eine Berufskrankheit.
Die Sugos hausen weit oben. Der Blick über die Stadt ist prächtig. Ganz im Hintergrund sieht man sogar die blauen Wiesen schimmern, die Wiesen des Greifenkopfs.
Sugos Villa ist eine Stufenpyramide, halb in den Hang gebaut. Sie erinnert mit all den Verzierungen an eine schräg angeschnittene barocke Hochzeitstorte.
Ein Geländewagen und ein schmutziges Motorrad stehen auf dem Parkplatz. Wenn ich ein Motorrad sehe, denke ich gleich an den grauhaarigen Rücken, das wird noch zu einer fixen Idee.
Ich schüttle den Gedanken ab, steige einige Stufen bis zu einer blau-weiß bemalten Tür und läute. Ein Dutzend Kameraaugen begutachten mich, dann schwingt die Tür auf. Ein einfaches Hausmütterchen steht vor mir. Ich bin ordentlich enttäuscht. Das Personal in den Vorbergen stellt nämlich fast ausschließlich ausländischer Adel; Grafen und Herzöge die Butler, Fürstinnen die Empfangsdamen, Komtessen die Zimmermädchen.
Dieses Hausmütterchen ist jedoch bestimmt keine Fürstin, nicht einmal eine Freifrau-Anwärterin. Daran erkennt man, dass es mit den Sugos nicht weit her sein kann. In der Nachbarschaft wimmelt es von Angestellten, die mit

Diademen im Haar die Betten machen, und das
Hausmütterchen kommt über eine dreireihige Perlenkette
nicht hinaus. Sogar der arrogante Blick fehlt ihr.
Unwillkürlich spucke ich auf den Boden.
Wahrscheinlich strickt sie auch noch Socken, trinkt Kaffee
und sammelt Autogramme von ihren berühmten Kollegen.
„Was kann ich für Sie tun?", fragt sie abweisend. Ich atme
auf. Wenigstens abweisend ist sie.
„Sally Sugo?", erkundige ich mich nur.
„Frau Sugo ruht. Sind Sie auch von der Polizei?"
„Hören Sie", schnauze ich, „ich bin ein anständiger Bürger.
Ich will Sally Sugo sprechen. Das ist alles."
Sie ist gleich weniger abweisend, weil sie mir glaubt, dass ich
kein Polyp bin.
„Worum geht es denn?", fragt sie. „Ich muss Sie anmelden."
Ich fische den schriftlichen Auftrag vom Affenstall aus der
Tasche und gebe ihn ihr. Das erspart mir viele Worte. Es steht
darauf, dass ich das Vertrauen der Giftmischer genieße und
Sam Sugo suchen soll. Ganz unverfänglich.
Sie entziffert die Unterschriften und ist beeindruckt. „Warten
Sie", bittet sie. Aber die Tür schlägt sie mir doch vor der Nase
zu. Ich warte zwei Glimmstängel lange und werfe dann zum
Zeitvertreib Kieselsteine in das offene Dach des
Geländewagens. Rechte Hand gegen linke. Als die Tür wieder
aufgeht, führt links mit zwei Punkten, und der Wagen ist halb
voll.
„Tut mir leid", entschuldigt sich das sichtbar gealterte
Hausmütterchen. „Frau Sugo hatte sich niedergelegt. Sie und
Herr Sugo erwarten Sie jetzt."
Ich denke, ich habe mich verhört, aber die Erklärung ist
einfach. Sie meint den Sohn.
Ich folge ihr über weiß Gott wie viele Marmortreppen. Die
ganze Stufenpyramide ist vollgestopft mit Marmortreppen und
vergoldeten Geländern. Ich frage mich, ob die Leute auf den
Treppen auch essen und schlafen.
Gerade in dem Moment erreichen wir doch eine ebene Fläche,

eine große Fläche, die eine gesamte Pyramidenstufe als Terrasse einschließt.
Auf einem Sofa aus gebündelten Nerzfellen sitzt eine schwarze Dauerwurst. Das muss Sally Sugo sein. Sie trägt einen glänzenden Hosenanzug, der ihr zu klein ist. Daneben sitzt ein Bürschchen mit einer Schnabelnase, die zu groß ist. Das eine gleicht das andere nicht aus.
Einen Sekundenbruchteil lang bilde ich mir ein, das Bürschchen zu kennen, aber das ist ein Irrtum. Ich kenne es nicht, es erinnert mich an jemanden. Mir fällt nur momentan nicht ein, an wen.
Das Bürschchen gibt sich einen Ruck, steht auf und schüttelt mir die Hand. Die Dauerwurst runzelt die Stirn, die halb unter einem platinblonden Helm verborgen liegt, und sagt: „Setz dich, Freddy."
Ich höre ihre Stimme und es rieselt mir kalt über den Rücken. Wäre sie ein Klavier, ich zahlte glatt aus eigener Tasche den Klavierstimmer, so verstimmt ist sie. Aber welcher Klavierstimmer kann denn heute noch platinblonde Dauerwürste stimmen?
Die Wurst sieht mich an und näselt: „Verschwinden Sie, Mona."
Mona ist das Hausmütterchen. Ich sehe aus dem Augenwinkel, wie sie errötend nickt, und verstehe nun, warum in diesem Haus kein Adliger dient. Mit denen kann man nicht so umspringen. Wenn man wünscht, dass ein Prinz oder Baron die Kurve kratzt, muss man ihn schon mit Euer Hoheit ansprechen und ihm Honig ums Maul schmieren – und das liegt wohl nicht auf der Linie der Dauerwurst.
„Was wollen Sie?", fragt sie. „Ein Polizeibeamter war hier. Es ist doch alles klar."
Ich stehe immer noch vor ihr wie ein unartiger Schüler. Sie hat es nicht einmal für nötig gehalten, mir einen Platz anzubieten. Das gefällt mir nicht. Ich gehe stumm zu einem zweiten Nerzfellbündel, prüfe mit dem Fuß, ob es weich genug ist, und setze mich.

Sally Sugo schnaubt wütend, Freddy, die Schnabelnase, grinst ganz vorsichtig, damit seine Mutter es nicht sieht.
„Ihr Herzblatt ist weg wie in Luft aufgelöst", sage ich, „und ich suche es, wenn es Ihnen nichts ausmacht. Macht es Ihnen etwas aus?"
„Es ist mir ganz egal", antwortet sie nüchtern. „Hier suchen Sie am falschen Platz. Hier ist er nicht."
„Ihn verstehe ich ja", gebe ich zu, „aber Sie verstehe ich nicht. Ich dachte, Sie wollten ihn wiederfinden und hätten einen Anhaltspunkt für mich."
„Ihn wiederfinden?", kreischt sie. „Natürlich will ich das. Er ist mein Mann. Dem würde ich was erzählen! Aber helfen kann ich Ihnen nicht. Es ist doch klar, dass er sich mit einem Flittchen davongemacht hat, das sagt auch die Polizei."
Die Bullen haben sich also schon für die einfachste Lösung entschieden.
„Vielleicht ist ihm etwas zugestoßen", überlege ich laut.
„Macht Ihnen das keine Sorgen?"
„Zugestoßen?"
Nun quietscht sie zur Abwechslung. „Das Schlimmste, was Sam in 20 Jahren zugestoßen ist, war eine verstauchte Hand beim Naseputzen."
Das siehst du falsch, denke ich, weil du dich selbst ausnimmst.
Inzwischen halte ich mir längst halb die Ohren zu, wegen ihrer Verstimmung. Vom Standpunkt der Genießbarkeit, glaube ich, müsste man sie noch einige Stunden in die Selchkammer hängen, das würde helfen.
Die Schnabelnase wetzt unruhig auf den Nerzen hin und her.
„Was sagst denn du zu der Geschichte?", frage ich.
„Ich kann's nicht glauben", sagt er. „Es passt nicht zu Papi."
„Passt nicht zu Papi!"
Die Dauerwurst platzt fast. „Du nimmst ihn doch immer in Schutz! Was ist denn mit den Gläsern und den Lippenstiftspuren, hä?"
Der Junge duckt sich. Er sitzt der Wurst näher als ich. Wenn

sie explodiert, ist er schlimmer dran.
„Er hat nicht einmal eine Andeutung gemacht", wendet er sich dennoch tapfer an mich. „Er verschwindet doch nicht von einem Tag auf den anderen, ohne eine Silbe zu sagen."
Sally Sugo fasst sich nicht vor Wut. Sie klopft seine Schulter weich und schreit: „Verschwinde selbst, du Missgeburt! Mach dich davon zu deinem Papi, du Rabenaas! Was tust du denn noch hier?"
Der Junge ist sehr erleichtert, weil er gehen darf. Er bringt seine weiche Schulter wieder in Form, nickt mir aufmunternd zu und rauscht ab. Die Aufmunterung kann ich brauchen. Meine Trommelfelle werfen Falten.
Eine Minute nach dem Rückzug der Schnabelnase höre ich unten das Motorrad starten und sich entfernen. Die Dauerwurst und meine Trommelfelle haben sich so weit beruhigt, dass ich fortfahre.
„Wissen Sie, wer das Flittchen sein könnte?"
Sie bläst sich gleich wieder auf.
„Keineswegs! Wofür halten Sie mich?"
Ich gehe nicht darauf ein.
„Hat Ihr Mann Verwandte oder Freunde, denen er sich vielleicht anvertrauen würde?"
Der obere Dauerwurstzipfel bewegt sich entschieden von rechts nach links.
„Sam ist ein alter Stubenhocker. Eine Schwester hat er. Sie züchtet Hühner. Wir sehen sie natürlich nie."
„Natürlich", stimme ich zu. Ich frage nach der Adresse der Schwester und sie ist bereit, sie zu holen. Dabei sehe ich zum ersten Mal im Leben eine Dauerwurst gehen. Ich werde nie mehr eine im Stück kaufen, nur noch ganz fein geschnitten. Als sie zurückkommt, hält sie mir die Adresse und ein Foto vor die Nase.
„Das ist er", schrillt sie. „Sehen Sie sich den Kerl an. Genauso sieht einer aus, der mit der Erstbesten durchbrennt und seine Frau sitzen lässt. Finden Sie ihn nur, mich würde es freuen."
Ich nehme die Adresse und das Foto.

Sam Sugo hat die Gesichtszüge eines alten Hundes, der grau und halb taub geworden ist. Wenn die Dauerwurst recht haben sollte, wäre es besser für ihn gewesen, er hätte die Erstbeste etliche Jahre früher gefunden.
„Sind Sie nun zufrieden?", quiekt sie.
Ich sage Ja, und, kaum zu glauben, die Dauerwurst kann lächeln. Allein ihr Lächeln wäre ein triftiger Grund, sie zu verlassen.
Das Hausmütterchen kommt und führt mich durch die Treppensammlung nach unten. Vor dem Haustor gibt sie mir ein Zeichen und flüstert: „Glauben Sie der Hexe nicht. Dr. Sugo ist bestimmt nicht freiwillig verschwunden. Er ist ein Ehrenmann. Sie aber ist skrupellos und mannstoll!"
Ich bin wie vor den Kopf gestoßen. Die Dauerwurst und mannstoll! Darauf wäre ich im Leben nicht gekommen.
„Sally Sugo?", frage ich ungläubig.
„Gewiss", sagt das Hausmütterchen und errät meine Zweifel. „Sie zieht sich nicht immer so an."
Trotzdem bin ich überrascht.
„Haben Sie das den Bullen auch erzählt?"
„Denen?", fragt sie lang gezogen. Ich weiß, was sie meint.
„Mona!", klirrt die verstimmte Dauerwurst von oben. „Mona! Kommen Sie endlich!"
Ich stehe wieder in der frischen Luft. Dennoch brummt mir der Kopf, und das liegt nicht nur an Sallys schlimmer Frequenz.
Plötzlich bin ich weit weniger zuversichtlich, was die Erklärung für Sam Sugos Verschwinden betrifft. Die paar Worte der Schnabelnase und die Einflüsterungen des Hausmütterchens geben mir zu denken, ebenso die übertriebene Bereitschaft von Dauerwurst-Sally, die vorschnellen Schlüsse der Polypen zu übernehmen.
Ein misstrauisches Gemüt könnte auf den Gedanken verfallen, sie selbst sei irgendwie in die Affäre verstrickt.
Ich hake ab:
Die Vermisstenabteilung der Bullen sucht einen Ehemann, der

nach Bullenansicht mit seiner Lippenstiftglas-Gesellschaft durchgebrannt ist. Alle, die Sally Sugo kennen, einschließlich der Polypen, die mit ihr zu tun haben, können ihm das handwarm nachfühlen. Doch Freddy Sugo und das Hausmütterchen glauben nicht an diese Version. Ich wiederum glaube nicht daran, dass Melloni und seine Umweltschützer zu Entführern oder Mördern geworden sind. Also bleibt mir nichts übrig, als eine dritte Variante zu erwägen.
Die blonde Dauerwurst kommt mir da gerade recht. Ich beschließe, sie ein wenig im Auge zu behalten. Eine Aufgabe, für die ich einen prächtig geeigneten Mann zur Hand habe. Ich muss ihn nur noch herlotsen.
Eine kurze Strecke oberhalb der Abzweigung, die zu Sugos Stufenpyramide führt, finde ich einen idealen Ort, eine Aussichtsplattform mit Tischen und Bänken. Vom Parkplatz aus sieht man zwar nicht die Villa, den Zufahrtsweg jedoch beinahe in seiner vollen Länge. Das genügt.
Alle paar Minuten wähle ich Theos Nummer. Endlich meldet er sich mit: „Detektei Torpedo/Bell", wie üblich. Er behält die richtige Reihenfolge einfach nicht im Kopf. Dazu flötet er im Tonfall eines liebeskranken Gockels: „Die diskreten Spezialisten. Was können wir für Sie tun?"
Mir dreht sich fast der Magen um.
„Ganz der Nachtportier im Männerbordell", sage ich angewidert. „Wenn du dich verändern willst, rechne mit meinem Verständnis."
„Nachtportier?", fragt er charmant. „Ein interessanter Beruf. Wo drückt denn der Schuh? Sprechen Sie ganz offen. Oder nein, besser nicht. Vielleicht wird das Handy …, Sie wissen schon, NASA und so. Es ist sicherer, wir treffen uns. Bis dann, Herr Portier."
Ich weiß, er ist dabei, die Verbindung zu unterbrechen. Er trifft oft Verabredungen auf diese Art. Seine Gesellschaften wissen ja, wohin er sie einlädt.
„Theo!", brülle ich. Es folgt eine Pause, dann seine

misstrauische Stimme.
„Woher kennen Sie meinen Vornamen?"
„Theo", sage ich langsam und deutlich, „hier spricht Bell, Jingle Bell, dein Partner! Kannst du dich erinnern? Ich bin der große, intelligente Kerl, der den Fehler seines Lebens schon begangen hat und seither sein Büro mit dir teilt."
„Du bist das!", staunt er. „Wieso gibst du dich als Nachtportier aus?"
Leider findet er selbst eine Erklärung, bevor ich es verhindern kann.
„Ach so", flüstert er, „verstehe! Du darfst nicht offen reden. Lass nur, ich mache das schon. Ich stelle dir Fragen, die du unverfänglich beantworten kannst."
Lange Pause.
„Worum geht es denn?"
In dem Moment ertappe ich mich bei dem Versuch, aus dem Sicherheitsgurt eine Schlinge zu knüpfen und mir über den Kopf zu streifen. Ich löse sie vorsichtig, atme tief durch und sage: „Du fährst jetzt zu dem Ort, den ich dir angebe, das ist alles."
Mit einfachen Worten beschreibe ich dreimal den Weg, setze mich in den Wagen und versuche zu vergessen.
Bis Theo, das Objekt meines Vergessenwollens eintrifft, ereignet sich nichts Erwähnenswertes. Die junge Schnabelnase kehrt mit dem Motorrad zurück. Sie ist die Einzige, die die Einfahrt benützt.
Mein Partner parkt so knapp neben dem Kotflügel des Käfers, dass die Tür seiner Blechschachtel beim Aussteigen dagegenkracht.
Er kratzt sich verdutzt am Kopf, was ihm eine verblüffende Ähnlichkeit mit einem schwachsinnigen Schimpansen beschert. Gleichzeitig trifft mich sein vorwurfsvoller Blick.
„Warum hast du Trottel dich nicht weiter zur Seite gestellt?", besagt der Blick, „schließlich hast du mehr als eine Stunde Zeit dazu gehabt."
Ich sehe es ein, bin aber nicht in der Stimmung, mich zu

entschuldigen.
„Wie war es beim Major?", frage ich.
„Außer ‚Quatsch!' sagt er nicht viel", berichtet Theo bewundernd, weil das eine Konversationsform ist, die seinen Intellekt anspricht. „Empfängt er alle Besucher mit einer Kanone in der Hand?"
„Nur in Friedenszeiten. Wie steht er jetzt zu Mellonis Verein?"
„Er will nichts mehr damit zu tun haben. Mit uns allerdings noch weniger. Er ist sehr schweigsam."
„Das war zu erwarten", gebe ich widerstrebend zu und überlege, ob es nicht besser gewesen wäre, selbst mit dem Greifenkopf zu reden. Eine rhetorische Frage. Natürlich! Aber immerhin bestand die Chance, dass er auch auf Theo schießen würde.
„Hast du Sam Sugos Verschwinden erwähnt?"
Er räuspert sich.
„In gewisser Weise ja. Das war doch in Ordnung, da sie Nachbarn sind ..."
„Na und?"
„‚Quatsch!'", zitiert Theo wörtlich. „Ich glaube, er hat für Sugo nicht viel übrig. Mich hat er auch nicht gerade freundlich betrachtet."
„Dafür gibt es ja keinen Grund", tröste ich ihn. „Du wirst es schon wegstecken. Was anderes jetzt: Versuche dich zu konzentrieren."
„Ja", strahlt mein Partner überschwänglich. „Das habe ich lange nicht mehr getan!"
Obwohl er objektiv recht hat, hege ich den dringenden Verdacht, dass er gerade etwas verwechselt. Aber ich bin nicht masochistisch genug, den Irrtum gleich aufzuklären. Mir steckt noch das Telefonat von vorhin in den Knochen.
Ich ringe mir ein Lächeln ab und sage ihm, was er zu tun hat. Er soll die Dauerwurst beschatten, falls sie ihre Pyramide verlässt, weiter nichts.
Ich beschreibe sie und den Geländewagen und beschwöre

Theo, die Einfahrt nicht aus den Augen zu verlieren.
„Gut", sagt er, noch immer prächtig gelaunt. „Wie lange soll es dauern? Ich habe um fünf ein Rendezvous."
Jetzt ist es halb vier.
„Du bist ein Glückspilz", stelle ich feierlich fest. Er grinst geschmeichelt – ein unverdaulicher Anblick. „Ja, ein Glückspilz", setze ich rasch fort, „denn du musst deine Gesellschaft nicht versetzen. Du kannst dein Handy nehmen und in aller Ruhe absagen."
„Wie soll ich mich dann konzentrieren?", fragt er erstaunt, wie ich es befürchtet habe. „Das geht nicht ohne Frau, diese Stellung, bei der sie …"
„Dann musst du es verschieben", unterbreche ich. „Mach es ein anderes Mal, aber erklär es mir nicht."
Das missfällt ihm. Bei seinen Rendezvous ist er sehr empfindlich. Es hängt mit der Fixierung zusammen.
Ich schnipse ihn aus dem Käfer und erinnere mich während der Rückfahrt in die Stadt daran, dass ich seit unzähligen Stunden nichts Warmes zwischen die Zähne bekommen habe. Plötzlich fühle ich mich ausgehungert wie ein Mittelmeerhai vor der Touristensaison. Ich muss sofort etwas essen. Das überkommt einen manchmal. Sofort!
Ich halte vor dem bekannten Ausgleichslokal. Es heißt so, weil viele Städter am Wochenende rausfahren wegen der frischen Luft und der schönen Aussicht. Wegen des Essens, das sie hier erhalten, fahren sie dann gerne wieder zurück. So findet alles seinen Ausgleich.
Nur bin ich nicht der Luft oder Aussicht wegen gekommen, deshalb versagt das Ausgleichsprinzip bei mir schon beim ersten Bissen. Das hat ein momentanes verheerendes seelisches Ungleichgewicht zur Folge. Ich bestelle umgehend drei weitere Portionen. Der Kellner ist ein Kerl, dem es nichts ausmacht, um Mitternacht Leichen auszugraben, aber so was hat er noch nicht erlebt. Dabei hat er schon viel erlebt. Das beweisen die zahlreichen Narben von Messern und Gabeln, die ihm die Gäste im Lauf der Zeit nachgeschleudert haben.

Er öffnet seinen zahnlosen Mund und fragt: „Wollen Sie sich umbringen, Mann? Können Sie das nicht auf saubere Art tun, unter einem Zug oder so?"
„Es ist nicht für mich", sage ich und mache eine Miene, die ihn veranlasst mit den vollen Tellern zu erscheinen, ohne auch nur Zeit fürs Mundschließen zu vertrödeln.
„Hol den Wirt", befehle ich. „Und wehe, du warnst ihn. Dann bist du dran!"
Er zittert ab und kehrt mit einem hageren Burschen zurück, der aussieht, als lutschte er Tag und Nacht Zitronen.
„Du bist der Wirt?", frage ich. Er nickt missmutig.
„Du siehst schlecht aus."
„Kein Wunder", nuschelt er. „Bei den Steuern heutzutage."
„Ich weiß schon", sage ich verständnisvoll. „Deshalb lade ich dich ein. Iss nach Herzenslust, alle drei Portionen."
Er setzt zum Lachen an, begreift aber schnell, dass es sich nicht um einen Witz handelt. Da wird er bleich und wendet sich Hilfe suchend an den Kellner, doch der blickt zu Boden und schüttelt stumm den Kopf. Abgesehen von uns dreien ist das Lokal gähnend leer. Der Zitronenlutscher sieht mich an.
„Das geht nicht", gurgelt er. „Das können Sie nicht machen."
Ich ziehe eine Kanone aus der Jackentasche, lege sie auf den Tisch und lächle ihn an.
„Ich habe gute Laune heute, aber ..." Ich deute auf die Kanone. „Weißt du, ich will damit sagen, wenn du nicht rasch anfängst, schlägt sie bestimmt um, die Laune."
„Was haben Sie vor?", fragt er leise.
„Ich mache Ragout aus dir", erkläre ich, „wenn du nicht endlich deinen eigenen Fraß verdrückst."
Der Zitronenlutscher klappt bibbernd in einen Stuhl und greift nach einem Löffel. Doch dann legt er ihn wieder weg und schlägt ein Kreuz.
„Fangen Sie an mit dem Ragout", stammelt er.
Donnerwetter! Dieser Eintopf muss ganz besondere Eigenschaften haben, wenn der Wirt ihn nicht einmal hinunterbringt, obwohl ich ihn mit einer Kugelspritze dabei

unterstütze.
Ich hebe die Kanone und sage: „Peng!"
Er fällt prompt in Ohnmacht. Das Narbengesicht steht daneben und bemüht sich krampfhaft um eine Haltung, die nach Abwesenheit aussehen soll.
„Ich bin nicht rachsüchtig", versichere ich. „Nur neugierig. Verrate mir, was mit dem Eintopf los ist." „Wissen Sie", beginnt er unverbindlich, „bei uns gibt es einfach zu viele Küchenschaben ..."
Ich fühle ein Würgen im Hals.
„Verwendet er die?"
„Nein!", wehrt die Leichenschändervisage entsetzt ab. „Der Chef ist ein großer Tierfreund. Er lässt sie immer naschen. Dabei ist gestern Kasimir in den Topf gefallen. Wir merkten es zu spät. Es war sehr traurig."
Verstohlen wischt er sich eine Träne aus dem Augenwinkel.
„Habt Ihr Kasimir wieder rausgezogen?"
„Aber natürlich! Er ist noch nicht begraben. Wollen Sie ihn sehen?"
Ich vermute, sie haben die gedünstete Küchenschabe aufgebahrt. Ich will sie nicht sehen.
„Ja", fährt das Narbengesicht eifrig fort. „Deshalb bringt der Chef es nicht fertig, von dem Eintopf zu essen. Es hätte sein Gefühl für Pietät zu sehr verletzt."
„Dann hat es nichts mit dem Geschmack zu tun?", erkundige ich mich.
„Ich weiß nicht", bekennt er. „Ich habe nie davon versucht. Dabei bekäme ich ihn kostenlos. Er wird auch von den Gästen nicht viel gegessen, das macht ihn so haltbar."
„Aber bezahlt wird natürlich?", knurre ich.
„Selbstverständlich", betont er. „Aber es genügt, wenn Sie eine Portion berappen. Die anderen kippe ich zurück."
Ich deute auf meinen Teller. „Die etwa nicht?"
Er zuckt lediglich die Achseln.
Der Zitronenlutscher ist unterdessen aufgewacht und blickt

fragend um sich.
„Brauchen Sie eine Rechnung?", will das Narbengesicht höflich wissen. Ich reiche ihm einen Schein.
„Der Rest ist für Kasimirs Begräbnis", sage ich. Sie sind beide gerührt. Es ist unterm Strich ein ganz reelles Geschäft, mein Hunger ist wie verflogen.
Ich trinke mit dem Wirt einige Gläschen auf Kasimir und komme erst gegen acht ins Büro. Die Mailbox ist heiß gelaufen, weil so lange niemand abgehoben hat. Theo ist dran und fragt, ob ich ihn denn vergessen hätte. Habe ich, es ist ein gutes Gefühl.
Auf der Fahrt zu unserem Beobachtungsposten halte ich bei einem Kiosk, besorge gegrillte Hähnchen und Bier und bin gleich darauf am Ziel.
Theo beteuert, dass weder der Geländewagen noch die Dauerwurst aufgetaucht seien, und will wissen, wie lange er noch hierbleiben müsse, um einen unbefahrenen Fahrweg zu beschatten.
„Bis die Dauerwurst erscheint", erkläre ich geduldig. „Wann das sein wird, steht in den Sternen."
Ich will verdammt sein, wenn er nicht sofort in den Himmel starrt, den Kopf schüttelt und bedauernd vermerkt: „Schade, es ist bewölkt."
Es wird eine ereignislose Nacht. Zunächst legt sich Theo aufs Ohr, gegen zwei wechseln wir. Am Morgen warte ich, bis er sich an einer Würstchenbude mit Proviant eingedeckt hat, dann wünsche ich ihm einen abwechslungsreichen Tag und gondle nach Hause.
Im Präsidium gibt's angeblich nichts Neues. Das flüstert mir der Luftballon.

Ein Wasserfall im Dschungel

Bald darauf sitze ich wieder im Käfer. Ich fahre aufs Land zu Sam Sugos Schwester, der Hühnerzüchterin.
Die Straße ist nagelneu, bügel- und kurvenfrei. Ich lasse meinem Oldtimer die Zügel schießen, bis er fast so schnell ist wie ein trabendes Pferd. Und wälze Gedanken. In der Nacht ist mir etwas eingefallen, das geht mir nicht mehr aus dem Kopf.
Warum hat Sam Sugo die Gläser nicht weggeräumt, wenn er wirklich sang- und klanglos verschwinden wollte? Die Lippenstiftspuren auf dem einen Glas sind der wichtigste Anhaltspunkt für die Theorie vom durchgebrannten Ehemann. Und diese Lippenstiftspuren sind nicht einmal überprüfbar, denn nur die Sekretärin hat sie gesehen und prompt abgewaschen. Das behauptet sie zumindest. Ich frage mich, was die Polypen davon halten. Insbesondere, was Butta, der Oberplattfuß, davon hält. Das will ich bald herausfinden.
Plötzlich taucht ein Motorrad im linken Außenspiegel auf. Zwei Affen hocken darauf. Ich meine, zwei Figuren mit Lederanzügen und Helmen und der Körperhaltung von Pavianen. Ob es echte Affen sind, kann ich bei der Verpackung natürlich nicht erkennen. Ich habe mit einem Mal ein flaues Gefühl im Magen.
Wie ein dunkler Schatten schweben sie vorbei, die Affen auf der Maschine.
Der Feuerstuhl ist eine Harakiri 2000. Ich zucke zusammen, doch gleichzeitig bin ich dem Pavianduo dankbar. Es hat meinem Gedächtnis endlich auf die Sprünge geholfen. Seit Tagen versuche ich mich an den Schriftzug auf dem Fahrzeug des Grauhaarigen zu erinnern – jetzt ist der Groschen endlich gefallen: Er fuhr auch eine Harakiri 2000. Die Affen haben mich überholt und werden langsamer. Ich treffe immer wieder welche von ihrer Sorte, die mit meinem Käfer um die Wette fahren wollen. Aber meistens treten sie selbst in die Pedale. Es sind Radfahrer, und zwischen ihnen

und meinem Oldtimer herrscht annähernd Waffengleichheit.
Die Harakiritypen wollen mich also auf die Schaufel nehmen.
Ich hupe, um ihnen zu bedeuten, dass sie abhauen sollen.
Da zieht der Hintere etwas aus dem Gürtel und lässt es fallen.
Es ist ein graues Ei, das auf dem Asphalt weiterrollt. Der vordere Affe winkt mir zu. Es sieht aus wie ein Abschiedsgruß. Niemand muss mir erklären, was er damit meint. Ich habe schon kapiert und trete das Gaspedal bis zum Bodenblech und ein Stück weiter durch. Der Käfer macht ein Sprünglein nach vorne über das Ei hinweg. Im Rückspiegel beobachte ich, wie sich das Ei in einen Feuerball verwandelt. Die Heckscheibe wird bröselig und sackt in sich zusammen. Teufel, habe ich eine Wut im Bauch!
Aber gleich habe ich erneut alle Hände voll zu tun, um zwei weiteren Eiern auszuweichen. In der kurzen Zeit seit der ersten Explosion bin ich der Harakiri nähergekommen, deshalb richten die Feuerbälle hinter mir keinen Schaden mehr an.
Und jetzt ist den Affen die Munition ausgegangen, jetzt können sie eine Wettfahrt erleben! Ich drücke den geheimen Turboknopf. Ein Geschenk meines Mechanikers, den ich vor dem Knast bewahrt habe.
Diesmal knirsche ich mit den Zähnen. Ich bin nicht der Luftballon, ich kann es mir noch leisten. Ich knirsche nicht nur wegen der Heckscheibe, die eine schöne Stange Geld kostet, falls man überhaupt noch eine auftreiben kann. Vor allem knirsche ich aber wegen meines eigenen Leichtsinns. Bestimmt ist einer der Affen der grauhaarige Rücken, der seine Drohung wahr gemacht hat. Ich habe ihn trotz allem nicht ernst genug genommen, nun hätte er mich beinahe erwischt. Das ärgert mich ordentlich. Er kann aber ebenfalls nicht zufrieden sein, und die Harakiri hat es mit einem Mal auch mächtig eilig.
Ganz klein machen sich die Lederaffen, um den Luftwiderstand zu verringern, doch es reicht nicht, mit dem Turboknopf holt der Käfer auf. Ich sehe im Rückspiegel einen

Feuerstrahl und glaube zuerst, es ist eine Rakete, die mich verfolgt. Tatsächlich ist mein Käfer die Rakete. Ich frage mich ernsthaft, wie lange er das aushalten wird.
Gleichzeitig wundere ich mich über die vielen parkenden Wagen am Straßenrand. Die parken aber gar nicht, die fahren mit normaler Geschwindigkeit. Nur für mich wirkt es so, als ob sie stünden. So ein Tempo gehen wir, die Paviane auf der Harakiri und ich mit dem geheimen Turbo!
Wenn mich etwas an der Raserei stört, dann die Glassplitter der Heckscheibe, die durch den höllischen Sog im Wageninneren herumwirbeln. Einer von ihnen stört mich besonders, der längliche, der in meinem linken Auge steckt. Ich falle ein wenig zurück, weil ich ihn mit beiden Händen entfernen muss.
Dann geht die Jagd weiter. Ich hole wieder auf. Die Lederaffen müssen ziemlich nervös sein. Noch ein Dutzend Wagenlängen und ich kitzle sie mit meiner Stoßstange.
Da passiert etwas, womit ich nicht gerechnet habe: Der vordere Lederaffe richtet sich kurz auf und macht gleichzeitig eine Handbewegung nach hinten. Es braucht nicht mehr als diese Handbewegung, um den zweiten Affen zum Absteigen zu überreden. Und wie der absteigt! Er prallt auf die Straße und wirbelt meterhoch in die Luft, weit über mich hinweg. Dann schlägt er eine Serie von Doppelt- und Dreifachsalti, bis er schließlich im Straßengraben verschwindet.
Dort wird er eine Weile liegen bleiben. Zumindest, bis der Leichenwagen kommt. Sorgen um seine Gesundheit mache ich mir nicht. Wenn einer so von einer Harakiri absteigt, hat er keine mehr zu verlieren.
Ich bin immer noch hinter dem Affen her, der nun alleine auf seiner Maschine sitzt. Bald begreife ich, warum er darauf so großen Wert gelegt hat. Die Gewichtserleichterung verschafft der Harakiri genügend zusätzliche Kraft, um mir das Nachsehen zu geben. Ich kann mir auf die Minute ausrechnen, wann ich sie aus den Augen verlieren werde. Ist es erst so weit, biegt der Affe auf einen Feldweg und lässt mich in aller

Ruhe vorbeibrausen.
In mir sieht es finster aus, Leute, als ich abbremse und wende, das kann ich verraten. Aber es war höchste Zeit. Der blaue Lack des Käfers wirft schon Blasen, so heiß ist er geworden bei der Turbofahrt.
Ich bin fast sicher, dass es der grauhaarige Rücken war, der mir hier abermals durch die Lappen gegangen ist, doch ich muss mich vergewissern. Darum kehre ich zu der Stelle zurück, wo der Beifahrer vorhin abgestiegen ist. Vielleicht ergattere ich dort einen Hinweis auf seinen Kompagnon, bevor die Verkehrsbullen aufkreuzen.
Ich bin nicht der Erste. Ein Wagen parkt am Straßenrand, ein junges Kerlchen kniet einige Meter entfernt in der Wiese. Ein Mädchen steht neben ihm. Ich erkenne auf eine halbe Meile, dass sie einen grasgrünen Teint hat. Vielleicht trinkt sie zu viel Leitungswasser.
Ich halte in einiger Entfernung. Es ist nicht nötig, dass das Gemüse die kaputte Heckscheibe des Käfers sieht und nachdenklich wird.
Ich gehe zu ihnen. Großer Gott, ist die Kleine grün!
Und das Kerlchen hat einen derart glasigen Blick, dass es dutzendweise Kontaktlinsen daraus schneiden und verkaufen könnte. Aber im Moment steht ihm der Sinn nicht nach Geschäften, glaube ich.
Der abgestiegene Lederaffe sieht ziemlich mitgenommen aus. Den Helm hat er verloren. Er baumelt auf dem rechten Horn einer Kuh, der Helm.
Der Affe hat nichts dagegen. Mit dem Gesicht ist er auf einem hübschen, runden Feldstein gelandet. Ganz sicher hat zu seinen Lebzeiten nichts einen so tiefen Eindruck in ihm hinterlassen wie jetzt dieser Stein.
Ich habe recht gehabt mit meiner Vermutung. Der grauhaarige Rücken ist tatsächlich mit der Harakiri entwischt, diesem Burschen hier begegne ich zum ersten Mal.
Ich durchsuche seine Taschen und finde einen Briefumschlag mit zehn neuen Banknoten darin. So viel war ich dem

Grauhaarigen also wert. Zwei Scheine behalte ich für die Reparatur der Heckscheibe, den Rest gebe ich zurück.
Abgesehen von dem Umschlag sind die Taschen des toten Affen leer. So als ob schon jemand damit gerechnet hätte, dass er auf diese Weise enden würde. Jemand, der kein Interesse an der raschen Identifizierung seines Komplizen hatte. Der grauhaarige Rücken muss dem Schwachkopf ein schönes Lügenmärchen aufgetischt haben, um zu erreichen, dass er keinen Ausweis mitnahm.
Den Hals des Affen ziert eine Stichwunde. Ich habe so was erwartet. Mir war klar, dass der Fahrer der Harakiri ein sehr gutes Argument gebraucht hat, um seinen Sozius zum Absteigen zu überreden.
Mehr ist für mich hier nicht zu holen. Ich putze meine Hände am Hemdzipfel des Kerlchens ab, das gar nichts davon merkt. Es stammelt: „Ich habe den Helm gesehen. Den Helm auf der Kuh. Da bin ich stehen geblieben …"
„Schon gut, Kerlchen", beruhige ich ihn und tätschle seiner Freundin die grüne Wange. „Wahrscheinlich hat es der Affe gar nicht anders verdient. Jedenfalls habt ihr ihn gefunden, also müsst ihr auch hierbleiben, bis die Bullen kommen."
In der Zwischenzeit haben weitere Wagen angehalten. Die Kuh mit dem Helm auf dem Horn wirkt wie ein Aushängeschild. Ein paar Kinder klatschen vor Freude in die Hände, als sie den Lederpavian entdecken, eine Kaffeetantenrunde zückt Kameras für Erinnerungsfotos. Es wird Zeit, dass ich von hier verschwinde.
„Ich rufe die Polypen an", verspreche ich dem Glasblickjungen. „Genießt ruhig euren Ausflug. Der da läuft euch nicht davon."
Die Grasgrüne schluckt schwer. Es geht ihr wohl wirklich nicht gut.
„Trink weniger Leitungswasser, Schätzchen", empfehle ich ihr. „Es ist Gift für die Gesundheit."
Sie nickt, aber ich habe den Eindruck, sie hat mir gar nicht zugehört. Soll sie doch machen, was sie will.

Ich kehre zum Käfer zurück, verständige die Polypen, wende und fahre weiter bis zum Anwesen der Hühnerzüchterin.
Sam Sugos Schwester ist ein nettes Mädchen. Sie trägt einen weißen Turm auf dem Kopf und sieht ihren Hühnern so ähnlich, dass sie eine Menge Angst hat, einmal versehentlich auf einem Bratspieß zu landen.
Von ihrem Bruder hat sie seit Jahren nichts gehört. Diese Auskunft hat sie auch dem Bullen gegeben, der angerufen und danach gefragt hat.
Mir erzählt sie noch viele Details über Dauerwurst-Sally. Sie bestätigt genau, was mir schon das Hausmütterchen verraten hat: Die Dauerwurst nimmt es seit dem Hochzeitstag nicht so ernst mit der ehelichen Treue, jedenfalls nicht mit ihrem Anteil daran – und ihr Mann lässt sich alles gefallen, weil er ein harmloser Dummkopf ist, der nur chemische Formeln und Geldverdienen im Sinn hat.
Das Hausmütterchen formulierte es anders, doch läuft es im Ergebnis auf das Gleiche hinaus. Die Hühnerschwester ist froh, dass Sam endlich durchgebrannt sein soll. Besser spät als nie, meint sie. Freddy, die junge Schnabelnase, sei jetzt auch alt genug, um ohne Vater auszukommen.
Sie lädt mich zum Essen ein. Ich stelle ihr noch ein paar Dutzend Fragen, aber es kommt nichts Neues dabei heraus. Sie bekräftigt nur, dass Sammyboy allen Grund gehabt habe, seiner Dauerwurst auszureißen – es ist zweifellos ein Glücksfall für ihn, wenn er sich dazu aufgerafft habe.
Ich verabschiede mich von der Hühnerfreundin und verspreche ihr, von nun an genau aufzupassen, wen ich ins Rohr schiebe.
Die Unfallstelle, die ich bei der Rückfahrt wieder passiere, ist längst geräumt. Der Lederaffe, das Gemüse und der Helm sind verschwunden, nur die Kuh grast noch auf der Weide und trauert ihrem kurzen Ruhm nach.
Nun hat der Grauhaarige also erstmals versucht, seine Drohung zu verwirklichen. Viel hat nicht dazu gefehlt. Mir ist ein Rätsel, woher er wusste, dass ich heute zu Sugos

Schwester fahren wollte. Ich habe nur Theo und dem Luftballon davon erzählt. Vielleicht hat mich der Kerl schon vor Tantchens Haus abgepaßt, das kennt er ja seit seinem Besuch bei mir. Wenn ich daran denke, werde ich gleich wieder wütend. Aber das hilft mir nicht weiter.
Fest steht: Die Geschichte wird immer verwirrender. Was zum Teufel hat der grauhaarige Rücken mit Sam Sugo, Vic Melloni und der Sabotage zu tun?
Welche Rolle spielt bei alldem die Dauerwurst?
Ich stelle die knifflichsten Kombinationen an, aber es nützt nichts, ich finde keine befriedigende Antwort.
Im Büro erwartet mich eine neue Enttäuschung. Nicht Theo diesmal, der ist hoffentlich noch auf seinem Posten. Gestern habe ich mich bei einigen Bekannten umgehört. Jetzt trudeln die Ergebnisse ein und beantworten eine wichtige Frage. Leider negativ, doch es ist nicht daran zu rütteln: Falls Sally Sugo beim Verschwinden ihres Gatten nachgeholfen hat, dann kaum wegen seines vielen Mammons. Davon hat sie nämlich selbst mehr, als sie in hundert Jahren ausgeben kann.
Ich traue der Dauerwurst zwar nach wie vor nicht über den Weg, doch zwei der schönsten Motive sind nun schon ausgefallen. Gewinnsucht und Sex. Mit Sam Sugo konnte sie ohnedies anstellen, was sie wollte, und auf sein Geld ist sie auch nicht angewiesen. Ich habe das Gefühl, daß mir alle Felle davonschwimmen, einschließlich der Nerze, auf denen sie so gerne sitzt.
Ich rufe eine Schnapsdrossel von der Verkehrsüberwachung an und verspreche ihr eine Flasche Edelsprit, wenn sie mir alle Harakiri-2000-Zulassungen besorgt. Die Schnapsdrossel röhrt vor Freude wie ein löchriger Auspuff – kein Wunder. In der zweiten Monatshälfte wird das Gemisch, das sie sich leisten kann, immer schlechter.
Eine halbe Stunde später halte ich die Liste in der Hand, und die Drossel zwitschert selig ab.
Bald darauf meldet sich Theo. Er sprudelt vor Aufregung. Es klingt so:

„Sie ist wieder da zuerst war sie weg und ich hinterher dann hab ich sie verloren und wiedergefunden sie ist in ein Haus gegangen und herausgekommen und jetzt ist sie wieder da!"
„Das musst du aufschreiben", sage ich. „Klarer kann man es nicht ausdrücken."
„Glaubst du wirklich?"
„Natürlich", versichere ich. „Du redest doch von der Dauerwurst? Dieses Haus, würdest du das wiederfinden?"
„Was denkst du denn?", entrüstet er sich.
Ich verrate ihm nicht, was ich denke.
„Halten wir uns damit nicht auf, Partner", sage ich stattdessen. „Ich bin gespannt auf deinen Bericht."
Das gefällt ihm, er hört sich gerne reden. Mein automatischer Filter reinigt und ergänzt den Wortschwall, übrig bleibt Folgendes:
Uhrzeit: kurz nach halb eins. Theos Verfassung: Er langweilt sich. Er bohrt in der Nase. Er schlürft Likör. Hinter seiner niederen Stirn toben die ewig gleichen Bilder seiner Fantasie. Drei Prozent seiner Aufmerksamkeit gelten dem Fahrweg, den er überwachen soll. Der Geländewagen rollt heran.
Theos Reaktion: Er nimmt ihn wahr, glaubt seiner Wahrnehmung jedoch nicht, weil sie seiner Erfahrung widerspricht. Der Erfahrung eines langen geländewagenfreien Tages. Dennoch, seine Aufmerksamkeit verdoppelt sich. Der Geländewagen hält vor der Straße und blinkt. Die zwei Dutzend Schaltstellen in Theos Nervensystem, die nicht seiner Fixierung gewidmet sind, beginnen zu arbeiten. Er sieht eine blonde Frau hinter dem Steuer sitzen. Frau? Das muntert ihn endlich auf. Theo nimmt den Finger aus der Nase, schließt die Likörflasche und drängt seine Fantasien zurück. Der Geländewagen biegt in Fahrtrichtung Stadt auf die Hauptstraße.
Aktion: Theo dreht den Zündschlüssel, findet einen Gang und prescht los.
Er verursacht, ohne es zu merken, einen Auffahrunfall. Er rast dem Geländewagen, in dem die Dauerwurst sitzt, nach. Die

Verfolgung gestaltet sich schwierig. Sally Sugo fährt beinahe ebenso rücksichtslos wie er, und ihr Wagen ist schneller. Theo verliert sie nur deshalb nicht aus den Augen, weil er doch noch ein Quäntchen rücksichtsloser ist.
Beide stürzen voll Mordlust auf die unglückliche Stadt.
Bis zum Abend werden sieben Vermisstenanzeigen erstattet werden.
Die Dauerwurst kümmert sich nicht um Ampelsignale. Theo fühlt sich noch großartiger als sonst.
Als die Stadt fast durchquert ist, passiert es. Ein Verkehrsbulle springt hinter einem Baum hervor und fängt meinen Partner ab, mit der linken Hand. Der Bulle hat viel Zeit und das Gemüt eines spanischen Inquisitors. Er holt Theo aus dem Auto, ohne auch nur die Tür zu öffnen. Dann raubt er ihn systematisch aus. Als er ihn zurück hinter das Steuer quetscht, ist von der Dauerwurst weit und breit nichts mehr zu sehen. Der Polyp mit dem aufgebesserten Taschengeld verschwindet zufrieden hinter seinem Lauerbaum. Theo fährt ratlos weiter. Er nimmt die Wirbelsäulenteststrecke durch die Dampfkochtopfsiedlung, an den Sugo-Werken und später an der Abzweigung zur amputierten Pagode vorbei.
Das Wunder: Theo hat eine Idee! Ihm fällt ein, dass die Dauerwurst einen Namen hat – Sally Sugo. Sugo! Ihm fällt weiters ein, dass er an den Sugo-Werken vorbeigefahren ist. Sie gehören Sam Sugo, Sallys Mann. Theo zieht seine Schlüsse und wendet. Ein argloser Radfahrer hat nicht damit gerechnet. Sein Pech.
Hundert Meter vor dem Haupttor der Sugo-Werke lächelt meinem Partner das große Glück. Die Dauerwurst kurvt aus der Einfahrt auf die Straße und fährt zurück in die Stadt. Theo ist stolz auf sich. Er beschließt, mir das Intermezzo mit dem Verkehrsbullen doch nicht zu verheimlichen, wie er es zunächst vorgehabt hatte. Das macht es ihm leichter, das Vermögen, das ihm der Bulle abgenommen hat, als Spesen zu verrechnen.
Die Dauerwurst hat ihren Fahrstil nicht geändert. Lichtmasten

rechts und links ihres Weges biegen sich zur Seite wie
Strohhalme, Autobusse flüchten panisch in viel zu kleine
Pkw-Garagen, denen sie nie wieder entkommen. Der
Dauerwurst-Theo-Konvoi erreicht die Grüntal-Appartements.
Ein Grüntal hat es dort nie gegeben und wird es nie geben.
Der Name diente der Werbung. Die Agentur hat sogar eine
alte Krähe bestochen, die jetzt auf einem Plastikbaum sitzt
und krächzt.
Motto: „Wohnen umhüllt von Vogelgezwitscher im
lauschigen Grüntal."
Die Appartements gingen weg wie warme Semmeln.
Dauerwurst-Sally verschwindet in einem der Blöcke, Theo
folgt ihr bis zu einer selbstschließenden Glastüre. Sie hat
einen Schlüssel, er nicht. Aber er sieht die Etagenanzeige des
Lifts. Sie fährt bis ins oberste Geschoss. Durch Zufall
entdeckt Theo die Haussprechanlage, daneben eine
Namensliste. An oberster Stelle steht ‚Felix Farnkraut'. Mein
Partner merkt sich den Namen und wartet im Auto. Er muss
nicht lange warten. Nach weniger als einer Viertelstunde
wirbelt seine Kundin wie eine tobende Furie aus dem Haus.
War Sally Sugo zuvor noch eine blonde Dauerwurst, so ist sie
jetzt eine weiß glühende. Sie verwandelt den Geländewagen
in einen Funken stiebenden Meteor und rast davon. Mein
Partner hängt sich wieder an. Die Fahrt führt auf dem
kürzesten Weg zurück in die Vorberge. Der kürzeste Weg
verläuft über Stopptafeln, Gehsteige, den rechten Fuß und das
linke Ohr eines Verkehrsbullen, einen Katzenschwanz und
unzählige Randsteine. Irgendwie schafft es Theo. Der Meteor
verschwindet in der Villeneinfahrt, die Jagd ist zu Ende.
Sieh einer an, denke ich. Da geht die Dauerwurst blond in
einen Wohnblock und kommt weiß glühend wieder heraus,
nachdem sie einen Kerl namens Felix Farnkraut besucht hat.
Das ist interessant. Ich sage: „Ruf in 30 Sekunden wieder an."
Ich wähle die Nummer meines Klienten. Für mich ist der
Luftballon immer erreichbar, gleichgültig, was er gerade tut.
Ich frage ihn, ob er wisse, wo Farnkraut wohnt, der

Rotgesichtige von Farnkraut & Co. Er sagt: in den Grüntal-Appartements. Ich unterbreche die Verbindung und in dem Moment klingelt es. Theo ist dran. Das versteht man unter Timing.
„Komm ins Büro", fordere ich ihn auf. „Ich bestelle gut abgelegene Muscheln in ihrer eigenen Soße."
Das ist seine Leibspeise. Theo ist glücklich. Eigentlich mag ich es nicht, wenn er glücklich ist, aber diesmal hat er brauchbare Arbeit geliefert, glaube ich, deshalb unternehme ich nichts dagegen.
Warum die Dauerwurst wohl einen Kollegen des abgängigen Sam besucht hat? Bestimmt nicht aus geschäftlichen Gründen. Und warum hat sie ihn weiß glühend wieder verlassen? Das möchte ich von Farnkraut erfahren. Aber nicht gleich. Theo trifft ein, er isst Muscheln, und ich erzähle dabei vom fliegenden Lederaffen, doch ihm kann nichts den Appetit verderben. Nach dem Essen stehen wir auf und gehen zur Tür.
„Vergiss deinen Hut nicht", sage ich. Er greift sich auf den Kopf, fühlt die Krempe und sagt: „Den habe ich doch …"
Er hört zu reden auf und grinst dümmlich. Ich probiere es immer wieder, es klappt immer. Er ist wirklich leicht zu unterhalten, mein Partner.
Gerade als wir vor dem Block anhalten, in dem Farnkraut wohnt, segelt eine glitzernde Lady durch die Halle in Richtung Ausgang. Ihr Ausgang ist unser Eingang. Theo begreift das, wartet, bis sie innen die Schnalle drückt, hält ihr die Tür auf und lächelt süßlich.
Jeder normale Mensch hätte Angst, an diesem Lächeln kleben zu bleiben – nicht die Glitzerlady, die lächelt zurück.
Ich wundere mich gar nicht, gehe durch die Halle und steuere den Lift an. Theo kommt noch rechtzeitig, um zwischen den Lifttüren durchzurutschen.
Wir lassen uns hinauftragen. Der Flur im obersten Geschoss ist kurz. Er führt zur Nottreppe, zu einem Dachausstieg und zu einer Wohnungstür. Ich klingle. Es dauert eine Weile, dann verschwindet die Türfüllung, und an ihrer Stelle umschließt

der Rahmen den Rotgesichtigen.
Ich atme auf. Es ist Farnkraut von Farnkraut & Co, Mitglied des Affenstalls, dem der Luftballon vorsitzt. Seine Unterschrift steht auf meiner Auftragsbestätigung. Der Rotgesichtige braucht viel Zeit, um uns wiederzuerkennen. Er hat mehr Whisky in seinem Atem als ein schwacher Trinker während des ganzen Abends im Glas. Und was für einen Whisky! Mit dem sollte man Brücken sprengen oder Tierkadaver vernichten, aber ihn nicht in Flaschen füllen, so ein Fusel ist das!
„Sie?", fragt er endlich überrascht.
„Nein", sagt Theo. Ein lausiges Witzchen – er liebt es. Farnkraut muss einer Spritvergiftung nahe sein, denn er grinst, gibt die Tür frei und sagt: „In Ordnung. Kommen Sie rein. Ich habe allerdings Besuch, verstehen Sie?"
Wir betreten die Wohnung und merken gleich, dass der Rotgesichtige nichts für schlichte Einrichtung übrig hat. Der Teppich, der vor uns liegt, lässt sich nur mit einem Rasenmäher pflegen.
Durch diesen Fransensee kommt ein Dackel auf uns zugepflügt. Erst als er an seinem Herrn hochspringt, erkenne ich in ihm einen Schäferhund. Die Kopfform hat mich gleich misstrauisch gemacht. Der Schäfer wird in dem Teppich wieder zu einem Dackel und verschwindet zur Gänze, als er sich in sein Eck zurückzieht und niederlegt.
Es ist kein angenehmes Gefühl durch einen fremden Dschungel zu stapfen, ohne zu wissen, was darin haust. Wir folgen einem ausgetretenen Pfad in ein großes Zimmer. Da und dort breitet sich Steppe aus, so als ob jemand gerodet hätte. Jedenfalls ist die Wildnis nicht mehr neu.
In dem Moment sehe ich sie und vergesse alles. Auf einem Hochsitz wartet Jane! Sie liefert einen neuen Beweis dafür, dass der Rotgesichtige üppige Neigungen hat. Zwei Beweise, eigentlich. Sie amüsieren sich glänzend, die Beweise. Sie amüsieren sich über die hilflosen Versuche eines dünnen Hemdchens, sie statthaft zu verbergen. Theo schnaubt.

Die Schöne auf dem Hochsitz, die Beweisträgerin, bleibt ganz entspannt. Unten bedeckt das Hemdchen ein knappes Zehntel ihrer langen Beine. Theo schnaubt erneut.
„Gäste?", fragt die Beweisträgerin. Es interessiert sie nicht sehr, das ist unüberhörbar.
Sie ist also der Besuch, den Farnkraut erwähnt hat. Ich verstehe, dass er keine Zeit mit uns verschwenden will.
„Halb, halb", antwortet er in Richtung Beweisträgerin. „Geh bitte einen Augenblick ins Nebenzimmer. Es wird nicht lange dauern."
Sie steht gelassen auf und schreitet durch den gelichteten Dschungel in einen angrenzenden Raum. Ich bin nicht fixiert, aber wenn ich ihr länger beim Gehen zusähe, könnte ich es werden.
Irgendwo beginnt ein Wasserfall zu rauschen. Das überrascht mich nicht. Ein Wasserfall passt gut in den Dschungel. Mich wundert nur, dass ich ihn erst jetzt höre. Vielleicht stellt er sich von selbst an und ab.
Doch der Rotgesichtige wundert sich auch. Er sieht um sich und hält dabei eine Hand hinters Ohr. Es ist sein Dschungel, eigentlich sollte er den Wasserfall kennen. Plötzlich verstummt der Fall wieder, genau in dem Moment, da die Beweisträgerin eine Tür hinter sich ins Schloss fallen lässt. Jetzt kapiere ich! Der Wasserfall ist nicht echt. Der Wasserfall ist Theo, dem beim Anblick der Beweisträgerin das Wasser im Mund laut rauschend zusammengeströmt ist.
Beweisträgerin weg, Wasserfall weg – so einfach ist das. Der Rotgesichtige begreift den Zusammenhang nicht.
Vielleicht ist es besser so. Vielleicht mag er nicht, dass Theo ein Wasserfall wird, wenn er der Beweisträgerin nachschaut. Er nimmt die Hand vom Ohr, schüttelt verwundert den Kopf und betrachtet stirnrunzelnd ein Glas, in dem konzentrierter Fusel schwappt. Er führt das Rauschen auf den Fusel zurück, durchaus verständlich. Trotzdem schüttet er kräftig nach.
Ich erinnere mich an die Pleite bei der Fahnenmaid und hoffe, dass er mehr verträgt als die Kleine.

Allerdings ist er ein schwerer Brocken und im Gegensatz zu ihr bestimmt daran gewöhnt, innerlich in scharfen Sachen zu baden.
Er bietet uns Platz an. Zu trinken bietet er nichts an. Wahrscheinlich meint er, es wäre nicht gut, die Beweisträgerin lange alleine warten zu lassen.
Jetzt, nachdem ich Jane gesehen und sie mit der Dauerwurst verglichen habe, erscheint mir die Vermutung, die uns hergeführt hat, ein bisschen lächerlich.
Farnkraut bleckt leutselig die falschen Zähne.
„Was gibt es Neues? Haben Sie Sam gefunden?"
Ich schüttle den Kopf. Er bleckt noch leutseliger und meint: „Dann spannen Sie mich nicht länger auf die Folter. Grundlos sind Sie wohl nicht hier?"
Beweisträgerin kontra Dauerwurst – es ist schwer vorstellbar, aber ich zucke die Achseln und frage: „Weiß Sugo, dass Sie mit Sally ein Verhältnis haben?"
Ich wäre nicht überrascht, wenn er mich auslachen würde, doch das tut er nicht. Er überlegt kurz, nickt und verbessert mich.
„Ein Verhältnis hatte. Nein, ich glaube, er weiß nichts davon."
Farnkraut darf nicht unterschätzt werden. Er kann trotz des Fusels noch klar denken, das beweist seine beherrschte Reaktion. Der Rotgesichtige gehört nicht zu denen, die sich leicht ins Bockshorn jagen lassen. Gerade in dem Stil fährt er fort.
„Ich vermute, Sie haben sie verfolgt. Ich verstehe zwar nicht, warum, aber anders ist es kaum möglich. Sally ist keine Plaudertasche, von der wissen Sie es nicht." „Stimmt", gebe ich zu. „Haben Sie heute Schluss mit ihr gemacht?"
„Ja", bestätigt er. „Das war wohl nicht zu übersehen. Sie hat ein heftiges Temperament."
Er hat wieder recht.
„Es war keine große Affäre", spricht er weiter. „In Wahrheit ist Sam zwar mein Konkurrent, doch bin ich gut mit ihm befreundet – besser als mit Sally."

Ich lasse mir diese Auskunft auf der Zunge zergehen. Nicht schlecht, Leute! Der Rotgesichtige ist mit Sam Sugo besser befreundet als mit Sally, doch hindert ihn das nicht daran, mit ihr anzubandeln. Hütet euch vor euren Freunden.
„Ein seltsames Zusammentreffen", sage ich. „Spätestens gestern in der Früh löst Sam sich in Wohlgefallen auf, heute geben Sie ihr den Laufpass – die Dauerwurst hat eine Pechsträhne, finden Sie nicht?"
„Dauerwurst?", fragt er und verzieht gleich darauf das Gesicht. „Ach, der Hosenanzug. Nein, das Ende unserer Beziehung hat nichts mit Sam zu tun, da sind Sie auf dem Holzweg. Es hat viel mehr mit Pia Pfeffer zu tun. Sie haben Pia ja vorhin selbst kennengelernt."
„Ja!", bestätigt Theo inbrünstig. Es ist sein erster Beitrag zu dem Gespräch, abgesehen vom ‚Nein' ganz zu Beginn. Der Rotgesichtige sieht ihn trotzdem schief an. Vielleicht hegt er langsam einen Verdacht wegen des Wasserfalls.
„Kennen Sie die Beweisträgerin" – ich unterbreche mich – „Sie kennen Pia Pfeffer schon lange?"
„Beweisträgerin?", murmelt er. „Manchmal kann ich Ihnen nicht folgen. Nun, so kurz auch wieder nicht. Ehrlich gesagt war es höchste Zeit, die Sache mit Sally in Ordnung zu bringen."
„Natürlich", sage ich. „Verstehe ich gut. Ich will nichts anderes. Vielleicht helfen Sie mir dabei. Wo waren Sie denn am Dienstag, so ab dem späten Nachmittag?"
Meine Art, Ordnung zu machen, gefällt ihm nicht.
„Was soll das, Bell? Ich bin einer Ihrer Klienten, vergessen Sie das nicht."
Würde ich nie, solange die Rechnung offen ist.
„Sie müssen ja nicht antworten", erwidere ich. „Doch immerhin hatten Sie bis heute ein Verhältnis mit der Dauerwurst. Das ist schon eine Frage wert."
Er sieht das anders, trotzdem lenkt er ein und bleckt sein Porzellangebiss leutseliger denn je.
„Eigentlich gibt es keinen Grund zum Streit. Ich war mit Pia

zusammen, hier in meiner Wohnung."
„Sie kann es sicher bestätigen?"
Langsam, glaube ich, geht seine Beherrschung flöten.
„Kann Sie", knurrt er. „Sie wird es auch tun. Ganz kurz bevor Sie gehen, verstanden?"
Er wartet meine Antwort nicht ab, springt auf und marschiert zu der Tür, durch die sich die Beweisträgerin verzogen hat. Plötzlich schreit er „Au!" und hüpft auf einem Bein. Ich vermute, er ist auf einen rostigen Nagel getreten oder eine Schlange hat ihn gebissen, dann sehe ich, dass er nur ein Sandkorn von seiner Schuhsohle pflückt und weitergeht. Theo kichert halblaut. Das stimmt den Rotgesichtigen nicht fröhlicher.
„Pia!", brüllt er. „Komm herein!"
Die Beweisträgerin kehrt in ihrer Aufmachung als Dschungel-Jane zurück. Prompt beginnt der Wasserfall zu rauschen.
„Ja?"
„Bell will dich etwas fragen", sagt er missmutig.
Ich tue es.
„Ich war hier", antwortet sie.
Das Rauschen des Wasserfalls wird lauter.
„Ist das alles?", erkundigt Pia sich gelangweilt.
„Das ist alles!", betont der Rotgesichtige.
Mir bleibt keine Wahl. Ich muss Theo an der Schulter zum Ausgang führen. Vom vielen Wasser ist er nahe am Ersticken, aber ich kann nicht länger warten. Kaum stehen wir auf dem Gang, versiegen die Quellen.
„Danke", keucht mein Partner fünf Minuten später. „Du hast mir das Leben gerettet!"
So ist er. Er muss mich auch noch damit quälen.

Nicht einmal Dauerwürste halten ewig

Der fliegende Lederaffe, den der Grauhaarige auf dem Gewissen hat, ist den Zeitungen vom Hechelblatt bis zum Schwätzerexpress nur ein paar Zeilen im Blattinneren wert. Sie können ihm auch nicht viel vorwerfen, abgesehen davon, dass es sich um einen Ausländer gehandelt hat, der dem Staat durch sein Ableben Verwaltungsaufwand bereitet.
Ich erfahre, dass er erst vor wenigen Tagen angekommen war und niemand weiß, mit wem er bis zu jenem Straßengraben fuhr, in dem er sein Leben aushauchte.
Eine kleine Episode, deren Verursacher er ohne Zweifel gewesen ist, wird ihm von der Gerüchtepost angekreidet: Zwei Polypen gerieten in heftigen Streit um den Helm vom Kuhhorn, den beide als Andenken behalten wollten.
Die Gerüchtepost ist der Ansicht, dass ein Ausländer, der zu uns kommt, nur um die Staatsmacht zu entzweien, gefälligst im Ausland bleiben sollte. Derlei Vorfälle, heißt es weiter, schadeten dem Ansehen aller Ausländer und seien unbedingt zu verurteilen.
Die Halswunde, die dem Lederaffen beim Absteigen geholfen hat, wird nicht erwähnt. Kann sein, dass der Polizeiarzt kurzsichtig war, kann aber auch sein, dass sich die Bullen unnötige Arbeit ersparen wollen. Tot bleibt der Bursche so oder so, egal in welcher Kartei er landet. Und Statistiken stellt man auf, um den Statistikern eine Freude zu machen – aus keinem anderen Grund.
Nach den Zeitungen gehe ich gemeinsam mit Theo die Liste durch, die mir die Schnapsdrossel von der Zulassungsstelle geliefert hat. Obwohl die Ausfallsrate bei den Fahrern beträchtlich ist, gibt es verteufelt viele Harakiri 2000. Manche werden in einer Woche von fünf aufeinanderfolgenden Besitzern angemeldet. Daran erkennt man, wie stabil diese Maschinen gebaut sind.
Ich lehne am Schreibtisch meines Partners und male seine Aufgabe, die darin bestehen wird, alle auf der Liste

Verzeichneten zu überprüfen, in den schönsten Farben. Theos Gesicht bleibt verstockt. Er will das Vergnügen um jeden Preis mit mir teilen. Ich will das keinesfalls annehmen.
Ein leichtes Erdbeben, das ohne anzuklopfen das Büro betritt, unterbricht unsere Diskussion. Ich stehe mit dem Rücken zur Tür, weiß aber trotzdem sofort, wer das Erdbeben ist, und ich reagiere darauf, indem ich blitzschnell die Zulassungsliste unter Theos Schreibunterlage schiebe. Denn jetzt ist jede Vorsicht geboten.
Dann drehe ich mich um und begrüße meinen Lieblingsfreund, den Oberpolypen Kriminalkommissar Butta. Er schlägt gerade mit Wucht die Türe zu. Türenschlagen ist sein Hobby. Darüber hinaus ist er allerdings – auch wenn das nach mehr klingt als es bedeutet – der fähigste Bulle im weiten Umkreis. Und der Schwerste, deshalb das leichte Erdbeben. Er vertilgt Unmengen des besten Futters und gilt darum nicht nur in Kriminellenkreisen als gefährlicher Schädling. Leider ist er zwei Meter groß und gegen die meisten Gifte resistent.
Auf seine gewaltige Masse hat das sparsame Schicksal gerade ein Gramm Humor verteilt – Humor von einer Qualität, wie sie der heruntergekommenste Landstreicher ablehnen würde. Doch im Vergleich zu seinen Manieren ist der Humor schwer in Ordnung.
Butta und Theo haben eines gemeinsam. Am liebsten sind sie mir, wenn ich sie nicht sehe. Jetzt sehe ich beide!
Der Kommissar steht eine Armlänge vor mir, sein Fett in einen zu engen Anzug gezwängt, das Hemd aus der Hose hängend, die Bartstoppeln drei Tage alt. Gestern Mittag gab's bei ihm Kalbsbraten mit Rahmsoße und Hörnchen.
„Hallo Butta", sage ich frei von Begeisterung. Er grunzt etwas Unverständliches. Ich versuche in den Fleischwülsten, die ihm die Gesichtszüge ersetzen, zu lesen. Ich bin misstrauisch und ich weiß, warum.
Es ist ihm zuzutrauen, allein deshalb hier aufzutauchen, um sich im Nachhinein über mich und die frühzeitig verschiedene

Eisentür zu amüsieren. Denn nichts, abgesehen vom
Türenschlagen, freut ihn mehr, als meine Nerven zu
strapazieren.
Ich irre mich, Butta hat ganz anderes im Sinn. Trotz einer
Entfernung von einigen Metern spuckt er zunächst nur knapp
am Waschbecken vorbei. Dann steckt er sich einen seiner
armdicken schwarzen Stumpen an und dröhnt: „Ich gebe dir
einen guten Rat, Schnüffler: Pack auf der Stelle alles aus, was
du über Sally Sugo weißt, und vergiss nichts, nicht die
kleinste Kleinigkeit!"
Daher weht der Wind!
Ich grinse ihn an.
„Was ist mit ihr? Ich kenne sie ja kaum."
„Typisch für dich!", regt er sich halbherzig auf. „Keine
Antwort ohne Gegenfrage. Wenn es dich erleichtert: Sie ist
tot."
Die Dauerwurst tot! Er macht keinen Spaß, der fette Polyp, es
ist ihm Ernst damit. So eine Überraschung. Noch gestern
verdächtige ich sie, selbst in Sammys Verschwinden
verwickelt zu sein, heute ist sie tot.
„Mord?", frage ich. Ein Fehler. Natürlich Mord, sonst wäre
Butta nicht hier. Für ihn ist der kleine Ausrutscher ein
willkommener Anlass, sich zu amüsieren. Er klatscht in die
fetten Pranken, stampft mit einem Nashornfuß auf und brüllt:
„Du bist heute aber wieder schlau, Schnüffler!"
Die Prozedur mit dem Händeklatschen und Auf-den-Boden-
Stampfen gehört zu seinem Humorbegriff – dem armseligsten,
den ich kenne, allenfalls mit dem Theos vergleichbar.
Doch ausgerechnet Theo rettet mich vor weiteren
Heiterkeitsausbrüchen, wenn auch nur passiv. Der Oberpolyp
sieht ihn nämlich erst jetzt und ist angemessen verblüfft.
„Was ist denn das für einer?", fragt er. Das ist seine Art,
Bekanntschaften zu machen. Theo seinerseits starrt ihn
sprachlos an, gleich wie er eine Rarität im Wanderzirkus
anstarren würde. Die Vorstellung bleibt an mir hängen. „Mein
Partner", sage ich mit ausdrucksloser Stimme. „Theo

Torpedo. Theo, das ist Butta, der Polyp."
Theo kennt Butta natürlich von allerlei Erzählungen. Eine Bekanntschaft auf Gegenseitigkeit habe ich bis jetzt vermeiden können, es geht ja um meinen Ruf.
Theo wieselt um den Tisch und schüttelt dem Elefanten mit reichlich dummem Grinsen die Hand.
Ein prächtiges Paar bilden die beiden, tatsächlich!
Wenn ich sie betrachte, kann ich nur sagen, ich habe mit den falschen Leuten zu tun. Wahrscheinlich liegt es an meinem Beruf. Wahrscheinlich hätte ich Tellerwäscher werden sollen und dann Millionär, doch dafür ist es zu spät. Solche Gedanken gehen mir auch nachts oft durch den Kopf, wenn ich aus den bösen Träumen aufschrecke und schlaflos im Bett liege.
Butta hasst es, jemandem die Hand zu geben, und Theo beweist sein Feingefühl, indem er daran zieht, als wolle er sie melken. Neben dem fetten Bullen wirkt er wie ein Zwerg, der eigentlich einen Kilometer entfernt steht und durch eine Laune der Natur in unveränderter Perspektive herangeholt wurde. Butta ist ohnedies eine Laune der Natur. Für mich sind die beiden unwiderlegbare Indizien dafür, dass die Natur häufig schlecht gelaunt sein muss.
Butta hat seine Hand noch immer nicht frei, das lenkt ihn ab.
Ich frage: „Wann ist es passiert?"
„Gestern Abend kurz nach sieben", erwidert er schmallippig und versucht Theo abzuschütteln wie eine Klette, aber Kletten hängen fest.
„Abgeknallt in einem kleinen Wald hinter ihrer Villa", stößt er wütend nach. „Verdammt! Will mich der Gnom heiraten oder warum sonst lässt er nicht endlich los?"
Das wirkt. Butta flucht halblaut.
„Wie ist es genau geschehen?", erkundige ich mich.
„Schluss jetzt! Du bist dran, Schnüffler!"
Er hat sich erholt. Ich überlege rasend schnell. Abgesehen von dem gestrigen Zwischenfall mit den Lederaffen habe ich nichts zu verschweigen. Schließlich soll ich Sam Sugo finden

und nicht den Mörder der Dauerwurst. Oder die Mörderin. Das ist nicht meine Sache.
Natürlich könnte ich Butta aus Prinzip hinhalten. Aus dem Prinzip, ihn zu ärgern, wann immer es geht, meine ich. Andererseits besteht die Möglichkeit, dass er auskunftsfreudiger wird, wenn ich ihn nicht an der Nase herumführe. Das gibt den Ausschlag.
Ich erzähle ihm, was er von meinem Auftrag wissen muss, schildere die Dauerwurst und meine Gespräche mit ihr, meinen Besuch bei der Hühnerzüchterin und die Verfolgungsfahrt Theos. Zuletzt komme ich auf Farnkraut zu sprechen.
„Er hat ihr ausgerechnet gestern den Laufpass gegeben, und sie hat weiß glühend darauf reagiert. So was endet manchmal böse. Leider waren wir bis mindestens zehn nach sieben bei ihm und seiner Gespielin. Steht die Tatzeit fest?"
„Zufällig felsenfest", brummt er. „Fünfzehn Minuten nach sieben. Falls du nicht nur einem Klienten einen kleinen Gefallen erweisen willst, scheidet der Bursche aus."
„Scheint so. In vier Minuten hätte er es bei der Entfernung noch nicht einmal mit dem Hubschrauber geschafft."
Das ist der Augenblick, in dem Theo eingreift.
„Toll!", sagt er. Der Ton genügt, um mich zu alarmieren. „Ich habe nicht gewusst, dass der Kerl einen Hubschrauber hat."
Irgendwann hat es passieren müssen, denke ich bitter, und die Schwachköpfe im Bullenpalast werden bald wieder was zu lachen haben. Butta hat seine dicken Ohren schon gespitzt. Ich versuche, das Schlimmste zu verhindern.
„Ich glaube nicht, dass er einen Hubschrauber besitzt. Vergiss es!"
Ich sage es fast beschwörend. Es misslingt. Was soll man auch beschwören bei Theo – die Gehirnzelle?
„Warum?", protestiert er. „Du hast doch eben gesagt ..."
„Vergiss es!", zische ich wütend.
„Im Gegenteil", dröhnt Butta. „Das interessiert mich. Sprechen Sie weiter, ganz von Kollege zu Kollege."

Der Mistkerl!
Theo fühlt sich geschmeichelt. Er betätigt die Denkerfalte auf seiner Stirn, für mehr als eine ist nicht Platz, und beginnt laut zu überlegen. Es gerät zum anschaulichen Beispiel seiner geistigen Verfassung.
„Er hat einen Hubschrauber und er hat doch keinen. Vergiss es, sagt Jingle, da steckt etwas dahinter ..."
Butta lauscht ergriffen. Sein Gedächtnis speichert jede Silbe. Theo schlägt sich weiter mit dem Problem herum. Nach einer endlosen Minute atmet er erleichtert auf.
„Es ist ganz einfach, Kommissar. Es gibt zwei Farnkrauts, nämlich den mit dem Hubschrauber und einen anderen. Vielleicht sind sie Brüder. Ich bin mir nicht sicher, bei welchem wir waren, doch das kann Ihnen mein Partner verraten. Kannst du doch, oder? Ist aber nicht so wichtig, fällt mir ein. Er kann es gar nicht gewesen sein kurz nach sieben."
„Welcher kann es nicht gewesen sein?", erkundigt sich Butta freudestrahlend.
„Na der ..., warten Sie."
Theo verstummt, aber er hat schon zu viel gesagt, viel zu viel. Buttas Fettwülste sehen aus, als ob sie augenblicklich zerfließen wollten. Ein untrügliches Zeichen seines inneren Vergnügens. Er tätschelt Theo wie einen Hund und sagt honigsüß: „Wenn Sie eines Tages von Bell genug haben – der Tag kommt sicher –, dann melden Sie sich bitte nicht zur Polizei. Da sind mehr die Praktiker am Zug. Ein Übermaß an Intellekt würde unseren Strukturen schaden."
„Keine Sorge, Kommissar", verspricht Theo gutherzig. „Ich mache Ihnen den Job nicht streitig."
Butta forscht misstrauisch in seiner Miene. Er ist auf der Suche nach einem Anzeichen dafür, dass sich mein Partner eben einen Scherz erlaubt hat. Die Wahrheit trifft ihn mit voller Härte. Kein Scherz, nicht die Spur!
Theo ist tatsächlich davon überzeugt, dass er ihn, den Oberpolypen, von einem Tag auf den anderen ersetzen könnte. So was schmerzt.

Der Bulle räuspert sich. Er räuspert sich nochmals, spuckt aus und sagt, so, als ob er laut nachdächte, in Wirklichkeit aber, um das Thema zu wechseln: „Jedenfalls muss Sam Sugo sich jetzt melden, es sei denn, er hat sie selbst umgenietet oder ist aus irgendeinem sehr triftigen Grund verhindert."
„Aus welchem Grund, beispielsweise?", hake ich ein.
„Dumme Frage!", poltert er. „Vielleicht ist er gefangen oder tot, was weiß denn ich."
Ich lege den Kopf in den Nacken, weil er ein gutes Stück größer ist als ich, und grinse auf jene sorgsam einstudierte Art, die ihn verlässlich auf die Palme bringt.
„Solche Worte aus deinem Mund", schwelge ich. „Halleluja! Noch gestern hätte jeder Polyp seine große, offene Hand dafür ins Feuer gelegt, dass Sugo mit einem Flittchen durchgebrannt ist, und nun …"
Sein Blutdruck schwillt an.
„Na und!", brüllt er. „Jetzt hat sich die Situation eben geändert, du naseweiser Schnüffler!"
Er weiß, wie viel Spaß es mir macht, wenn er sich so gehen lässt. Deshalb bemüht er sich verzweifelt um Beherrschung. Das bringt ihn fast um. Es ist der richtige Moment, um auf den interessanten Punkt zu kommen.
„Hat vielleicht die Sekretärin sich geirrt – ich meine Sugos Sekretärin, die den Lippenstift vom Glas gewaschen haben will?"
„Die lügt nicht", knurrt er. „Ich habe selbst mit ihr geredet."
Das genügt mir. Ich vergesse die Sekretärin. Für Lügen hat Butta ein ganz gutes Gespür. Die wenigsten Leute, die er verhört, behalten genügend Nerven, um ihm etwas vorzumachen.
In dem Fall bedeutet das: Es hat sich an jenem Dienstagabend tatsächlich eine Frau in Sugos Büro aufgehalten. Ihr Trinkgenosse konnte eigentlich nur der Chef selbst gewesen sein, der durch die unbewachte Seitentür zurückgekehrt war. Anschließend haben sie und Sugo sich in Luft aufgelöst. Ende.

Butta hat seine Portion Vergnügen und Ärger gehabt und reißt mich aus meinen Gedanken.
„Reib du dich weiter an Melloni, an dem verbrennst du dir vielleicht endlich die Finger, aber komm mir ja nicht bei Sally Sugo in die Quere. Sonst garantiere ich dir jede Menge Zores, klar?"
Ein letztes Mal spuckt er aus, dann kehrt er uns sein Hinterteil zu und wogt grußlos hinaus. Im nächsten Augenblick zittert die Tür in den Angeln und klirrt die Scheibe in der Tür. In ihrem linken oberen Eck sehe ich einen Sprung. Einen nagelneuen Sprung.
Bewundernd kommentiert Theo: „Ein echtes Wildschwein, dieser Polyp, was?"
„Sag es ihm doch gelegentlich persönlich", empfehle ich warm. „Ich freue mich darauf. Es würde mein größtes Problem lösen, Partner."
„Äh?", fragt Theo – doch da gibt mein Handy Laut. Ich liebe es. Es erlöst mich immer wieder aus schwierigen Situationen. Der Luftballon persönlich ist am Apparat. Er will mich unbedingt sehen. Ich bin einverstanden. Wenig später sitze ich in seinem Büro und lasse mir eine Tasse Kaffee aufschwatzen. Er strahlt heute, der Luftballon. Ein neues Erlebnis. Mittlerweile habe ich ja den pfeifenden kennengelernt, den weinenden, den lachenden und den, der mit den Zähnen knirscht. Den strahlenden sehe ich zum ersten Mal, und ich verstehe, warum er ihn nur selten zeigt. Er ist nicht seine Glanznummer, der Strahleballon, nein, er setzt ihn in kein günstiges Licht. Die Zigarre zwischen den abgeknirschten Zähnen verbessert den Eindruck auch nicht gerade. Der Kaffee schmeckt, als wäre er im Haus der Chemie produziert worden. Man muss höllisch aufpassen beim Trinken. Wenn man ihn verschüttet, frisst er Löcher in die Tischplatte. So etwas nehmen einem Gastgeber immer übel, das kann gar nicht anders sein. Der Luftballon belehrt mich jedoch eines Besseren. Er nimmt nicht übel, dass ich die Brühe an seinem Tisch ausprobiere.

Er stellt einen Scheck aus, schiebt ihn zu mir und sagt: „Eine Prämie. Sie haben sie verdient."
Ich bin ein bisschen überrascht, aber als ich einen Blick auf die Summe werfe, legt sich das. Er ist wirklich kein Verschwender, der Luftballon.
„Wenn das eine Prämie sein soll, Chef, dann für einen, der nichts getan hat", bemerke ich, schiebe den Scheck zurück und mache ihn darauf aufmerksam, dass das Komma zu weit links steht.
Er korrigiert den Fehler, strahlt daraufhin allerdings nur noch mit halber Kraft. Das ist es mir wert.
„Nun", brummt er, „Sie haben es verdient."
Ich nicke zustimmend, obwohl ich ganz bestimmt keine Ahnung habe, worum es eigentlich geht.
Der Luftballon schafft Abhilfe.
„Es ist vor allem Ihr Verdienst, dass die Sabotage nun bald der Vergangenheit angehört. Nicht ausschließlich Ihres, aber doch in erster Linie", schränkt er ein. „Ich habe heute eine Vereinbarung mit Melloni getroffen." Er schürzt die Luftballonlippen. „Ein recht kluger Kopf, muss ich zugeben, sehr verständig."
Was sagt man dazu? Ich erinnere mich gut an das, was er bisher von Melloni hielt.
„Eine Vereinbarung?", frage ich.
„Ja, natürlich."
Dieser Luftballon tut gerade so, als wäre es die selbstverständlichste Sache der Welt. Er bereichert seine Umgebung mit blauem Zigarrendunst und könnte schwerlich zufriedener sein mit sich selbst.
„Das Tonband, das hat ihn hart getroffen. Besonders weil Sie ihn dabei ordentlich ausgetrickst haben. Er ist nicht gut auf Sie zu sprechen." Der Luftballon lächelt. „Durchaus begreifbar, nicht?"
„Durchaus", gebe ich zu und komme aus dem Staunen nicht heraus.
Der Luftballon ist wie ausgewechselt. Jetzt bringt er noch

Verständnis für Melloni auf, der ihn einen lächerlichen Giftzwerg genannt und 32-mal fünf Millimeter Zahn gekostet hat – 16 Zahnzentimeter insgesamt!
„Das Band allein hätte ja nicht gereicht", fährt er fort. „Damit habe ich gerechnet, wie Sie wissen. Doch die traurige Affäre um Sam und Sally Sugo ..." – zehn Sekunden trauriger Luftballon – „die hat ihm den Rest gegeben." Strahleballon. „Der Sabotagevorwurf hätte ihm da und dort noch Sympathien eingebracht, die Verwicklung in einen Mordfall bestimmt nicht. Darüber waren wir uns ganz einig, Vic und ich."
Vic, sagt er! Vic und ich! Langsam blicke ich durch. Der Luftballon hat die würdige Bohnenstange glatt erpresst!
So auf die Art: Hintergrundgespräch mit der Presse; Melloni und das verräterische Tonband plus Sam Sugo plus Melloni plus das Mordopfer Sally Sugo plus die Bürgerinitiative plus Sabotage ist gleich Melloni überall.
Die Bohnenstange weiß, wie viel sie aushält und was sie nicht mehr aushält.
Ich denke an die anderen Vorstände, speziell an die Kleiderschrank-Oma und das Früchtchen Harry Horror.
„Kann er auch für seine Leute garantieren?", frage ich.
„Das ist seine Sache. Zur Not bringt er sie hinter Schloss und Riegel, sagt er."
Ich traue es der Bohnenstange zu.
Nun, dieses Problem scheint abgehakt, und ich habe meinen Teil dazu beigetragen.
„Bleibt also nur, Sam Sugo aufzuspüren", schließe ich und stemme mich aus dem Sessel. „Danke für den Kaffee. Liefern Sie ihn für die Erben an Altersheime?"
Da merke ich, dass der Luftballon nicht mehr strahlt, und es hat nichts mit den Altersheimen zu tun. Er ist wieder einmal traurig, fast verlegen.
Eine innere Stimme flüstert mir, dass noch etwas nachkommt. Sie behält recht, die innere Stimme!
„Es ist so", windet sich der Luftballon. „Ich habe eine

Unterredung geführt – mit einem hohen Beamten ... Sie müssen einsehen, jetzt, da Ihr ursprünglicher Auftrag ja erfüllt ist, besteht eigentlich kein Bedarf mehr ... Verstehen Sie nicht falsch, ich meine, verstehen Sie mich nicht falsch, doch wir wollen wirklich keinen Staub aufwirbeln, das heißt, genau genommen brauchen wir Ihre Dienste nicht mehr; ja, und dieser Beamte kam eben, kurz nachdem mit Melloni alles abgemacht war. Er hat Sie, glaube ich, schon persönlich aufgesucht ..."
Der Luftballon stottert noch eine Weile in der Tonart herum, und ich begreife langsam, wohin der Hase läuft. Butta! – dieses ranzige Fettstück!
„Hat er Sie nicht angerufen, dieser Beamte, als er mit mir fertig war?", erkundige ich mich harmlos.
Er nickt gequält. Ich fahre fort.
„Dabei hat er Ihnen doch das Einsatzzeichen gegeben? Das Einsatzzeichen für die Nummer, die Sie mir hier vorspielen."
Er schämt sich.
Nie zuvor hat ein Luftballon sich mehr geschämt. Und nie zuvor hat einer mehr Grund dazu gehabt!
Ein feines Spielchen haben die beiden mit mir getrieben. Besonders Butta, der mir beim Abschied noch empfohlen hat, mich weiter um Melloni zu kümmern. Zu dem Zeitpunkt hat er längst gewusst, dass diese Sache gelaufen war.
„Ich konnte nicht anders", jammert wie zur Bestätigung der Luftballon. „Er hat darauf bestanden, dass Ihr Vertrag mit dem Verband gelöst wird. Er hat gesagt, die Affäre Sugo werde noch weite Kreise ziehen, und wenn der Verband direkt beteiligt ist ..."
Ein verdammter Feigling ist der Luftballon, nichts weiter! Sowie er seine Schäfchen im Trockenen hatte, sprich: die Sabotage durch die Erpressung Mellonis abgestellt, wollte er von allem anderen nichts hören, am wenigsten von Sam Sugo, der wahrscheinlich nur noch für negative Schlagzeilen gut ist. Da ist ihm Buttas Wunsch gerade recht gekommen. Er sieht an meinem Blick, was ich von ihm halte, nimmt den einen

Scheck zurück und füllt einen neuen aus. Einen schöneren. Ich beachte ihn gar nicht. Am meisten empört mich nämlich ein Detail der kleinen Verschwörung.
„Butta wollte genügend Zeit, um mit mir zu reden, bevor Sie auf unsere Dienste verzichteten, nicht wahr? Damit meine Gesprächslaune geschont würde, was?"
Der Luftballon versinkt fast in Grund und Boden. Ich habe natürlich recht. Trotzdem nehme ich jetzt den Scheck. Irgendwo muss auch die gerechteste Empörung ihr Ende finden. Ich gehe.
„Die Auftragsbestätigung", heult er mir nach. „Ich brauche die Auftragsbestätigung."
Ich weiß, warum er sie haben will. Er fürchtet, ich könnte weiter damit herumlaufen, Fragen stellen und mich darauf berufen. Dann bekäme er am Ende noch Ärger mit Butta, der Ärmste. Das hält er also von meiner Berufsehre. Der Papierfetzen steckt in meiner Tasche. Über die Schulter sage ich: „Die schicke ich Ihnen gelegentlich, trauriger Luftballon."
Damit verschwinde ich endgültig. Finanziell steigen wir ja nicht schlecht aus, mein Partner und ich, doch Butta soll nur nicht glauben, dass deshalb alles vergeben und vergessen ist. Er wird schon sehen, was er davon hat, wenn er mich mit allen Mitteln aus dem Fall hinausdrängen will. Fürs Erste ist es ihm allerdings geglückt. Ohne Auftrag keine Arbeit ist meine Devise.
In einem Punkt mache ich allerdings eine Ausnahme. Die Liste der Harakiri-2000-Besitzer prüfe ich zu meinem reinen Privatvergnügen. So sehr ist mir der grauhaarige Rücken ans Herz gewachsen. Ich prüfe sie mit dem Kopf, Theo mit den Füßen. Erfolg haben wir nicht. Das führt eines Abends zu einem Gespräch der zermürbenden Art.
„Vielleicht", sinniert Theo, „hat der Kerl sein Haar gefärbt, oder die Harakiri stammt aus einem anderen Bezirk, oder du hast dich im Modell getäuscht oder warst einfach überarbeitet ..."

„Und habe deshalb alles nur geträumt, wie?"
„Ja", sagt er ernsthaft. „Man sollte nicht glauben, was in Träumen so passiert. Ich zum Beispiel träumte gestern ..."
„Und die zerborstene Scheibe?"
Theo lässt sich nicht aus der Fassung bringen.
„Vielleicht ein Vogel, ja, da bin ich sicher."
Meine Stimme bricht.
„Es war die Heckscheibe, verstehst du?"
„Das", belehrt er mich, „hat überhaupt nichts zu bedeuten. In Träumen ist alles möglich. Letzte Nacht ..."
Butta zaubert den Mörder von Dauerwurst-Sally nicht aus dem Hut. Und Sam Sugo bleibt verschollen.

Goldplomben sind geschwätzig

Einige Tage später atme ich erleichtert auf: Theo nimmt Urlaub. Ich merke gleich, wie ich ihn schätze, wenn er nicht da ist. Er hat drei Gesellschaften auf einmal, deshalb braucht er Urlaub. Er brauche allerdings nur einen Tag, sagt er – ich schätze ihn trotzdem sehr. Manchmal benötigt er nämlich für drei Gesellschaften nur einen halben und kommt dann noch ins Büro.
Er hat mich zu einer ungewöhnlichen Zeit von seinem Entschluss verständigt, vor sechs Stunden, da war es drei Uhr nachts. Zuerst spielte ich mit dem Gedanken, jemand hätte ihn entführt, aber schließlich habe ich mich mit dem einen geschenkten Tag auch zufriedengegeben.
Mitten in meine stille Freude geht die Tür auf.
Er hat es sich nicht überlegt, denke ich, er kann es sich nicht überlegt haben; gleichzeitig bringe ich eine Kanone in Stellung, fest entschlossen abzudrücken, falls er es sich doch überlegt haben sollte.
Mein Partner hat großes Glück, dass nicht er hereinkommt.
Herein kommt die würdige Bohnenstange Vic Melloni.
Melloni!
Jeder hochgebildete Bursche, der auf dem Rennplatz ein Dutzend Nummern behalten kann, hätte mich ordentlich ausnehmen können – er hätte nur mit mir wetten müssen, wen ich nicht erwartete. Mein Tipp für den Hochgebildeten wäre Melloni gewesen. Melloni erwartete ich von allen am allerwenigsten.
Die würdige Bohnenstange steht im Büro und blickt tiefsinnig in die Mündung.
„Schießen Sie", fordert sie mich auf. „Das ist die zweitbeste Lösung meines Problems."
„An sich gern", sage ich, „aber nützt es auch mir etwas?"
„Vielleicht. Nehmen Sie allen Mut zusammen, dann haben Sie einen Klienten weniger."
Einen weniger? Das geht nicht, ich habe keinen. Doch

langsam dämmert mir, was die Bohnenstange meint, und ich bin ziemlich von den Socken.
Melloni, der Chef der Bürgerinitiative, der Kandidat der kommenden Wahlen, der Bursche, dem ich im Auftrag des Luftballons ein Schnippchen geschlagen habe – dieser Melloni redet daher, als ob er mein Klient werden wollte! Die Bohnenstange knickt in den Besuchersessel. Ich lege die Kanone weg. Für die zweitbeste Lösung kann ich noch immer darauf zurückgreifen.
Melloni grinst. Wenn einer eine Stunde in den Zähnen stochert und dann einen zerquetschten Käfer herauszieht, grinst er geradeso.
„Ich brauche Hilfe, Bell", sagt er.
Mir gefällt sein Gequetschtes-Käfer-Grinsen nicht.
„Reden Sie frei von der Leber weg, Bohnenstange. Es läuft kein Band mit."
Er stößt wohl auf weitere Insekten und dementsprechend löchriger wird sein Grinsen.
„Wer wird denn alte Leichen ausgraben", fragt er, „wenn es längst frische gibt?"
Ich verstehe nicht, was er damit meint. Vielleicht vertragen Bohnenstangen einfach Theos Fluidum nicht. Das Büro ist leider voll davon.
„Schon gut, Melloni", sage ich beruhigend. „Aber wovon zum Teufel reden Sie eigentlich?"
„Sie wissen von nichts, was?"
Ich schüttle den Kopf.
„Natürlich nicht", fährt er fort. „Butta hat Sie ja ausgebootet. Sie sind hinter mir her."
„Wer ‚s i e' ?"
„Alles, was an Polizei so herumläuft. Jedenfalls werden sie bald hinter mir her sein", schränkt er ein.
„Pech", bedaure ich. „Gibt es eine Belohnung?"
„Noch nicht. Wahrscheinlich hat in der Eile keiner daran gedacht."
„Jammerschade. Was wollen die denn von Ihnen? Haben Sie

auf den Gehsteig gespuckt?"
„Ganz so schlimm ist es nicht." Er macht eine bedeutsame Pause. „Sam Sugo ist gefunden worden. Das, was von ihm übrig ist. Goldplomben, Manschettenknöpfe und eine Krawattennadel, ebenfalls aus Gold."
Ich rechne schnell nach und sage: „Das ist unmöglich. In der kurzen Zeit löst sich niemand so gründlich auf."
„Er hat sich ja nicht in Luft aufgelöst", hält er dagegen, „sondern in konzentrierter Schwefelsäure. Im eigenen Heim gewissermaßen. In einem Großtank der Sugo-Werke."
Ich will eine Frage stellen, doch er ist heute gut im Erraten. Besser als letztens.
„Sein Zahnarzt hat die Plomben identifiziert. Er täuscht sich nicht. Sugos Lieblingsplombe ist dabei."
Es geht nichts über Zahnärzte.
„Das ist fein", gebe ich denn auch zu, „aber warum brauchen Sie meine Hilfe?"
Die Bohnenstange wirkt gar nicht mehr fröhlich. Sie sagt: „Im gleichen Tank wurde noch eine Kleinigkeit gefunden. Ein Feuerzeug. Meine Initialen stehen darauf."
„Die besitzen Sie nicht exklusiv", wende ich ein, und in dem Moment sehe ich wieder den mittelgroßen Goldbarren vor mir, mit dem er bei seinem ersten Besuch an den Lungenvertilgern gearbeitet hat.
„Gewiss nicht", erwidert er. „Dummerweise gehört das Feuerzeug aber wirklich mir. Da ist kein Irrtum möglich."
Ich pfeife einmal ausgiebig. Das macht ihn nervös, ganz so, als ob er schon die Sirenen der Bullenkutschen hören würde. Ich kann es ihm nachfühlen. Wenn seine Geschichte wahr ist, wäre ich an seiner Stelle noch viel nervöser. Sein Feuerzeug neben Sam Sugos Lieblingsplombe!
Mellonis Zukunft scheint mir ziemlich deutlich vorgezeichnet. Und wenn bei dieser Skizze nicht die Polypen den Zeichenstift führen, will ich nicht länger Jingle Bell heißen.
In der Situation kommt die Bohnenstange zu mir und möchte mich engagieren. Ganz klar: Sie will, dass ich für die

Kleinigkeit mit dem Feuerzeug neben der Plombe eine
harmlose Erklärung finde. Ich überlege hin und her, da macht
Melloni wieder den Mund auf.
„Stopp!", sage ich. „Bevor wir weiterplaudern, beantworten
Sie mir zwei Fragen. Die erste: Woher wissen Sie, dass es sich
gerade um Ihr Feuerzeug handelt?"
Er nickt.
„Ich habe Freunde in den Sugo-Werken, auch jetzt noch.
Einer von denen war bei der Bergung dabei, hat es erkannt
und mich sofort verständigt. Das war vor einer Stunde. Er
schwört, dass ein Irrtum unmöglich sei. Ich habe darauf
verzichtet, mich persönlich zu vergewissern."
„Zweitens", fahre ich fort, „und unter der Annahme, Sie
haben den Flammenwerfer nicht selbst versenkt – wie
erklären Sie sich seine Anwesenheit im Tank?"
„Das hat mich mein Freund auch gefragt. Ich kann es mir
eben nicht erklären."
Die Bohnenstange hebt die knöchernen Schultern, bis sie
aussieht wie ein zusammengeklappter Kleiderbügel.
„Ich habe das Ding verloren, bevor Sam Sugo verschwand."
Die arme Bohnenstange. Wenn sie Butta keine bessere
Erklärung zu bieten hat, kann sie nur hoffen, dass er einen
Lachkrampf bekommt und erstickt. Eigentlich müsste Melloni
das wissen. Er weiß es auch.
„Nicht sehr originell", gesteht er, „doch leider der Wahrheit
entsprechend. Das ist mit ein Grund dafür, warum ich Ihre
Hilfe brauche."
„Wo haben Sie es denn verloren?", frage ich. Dabei versuche
ich, nicht allzu skeptisch auszusehen, denn die Bohnenstange
wirkt so schrecklich aufrichtig. Nur gehört sie leider zu den
Kerlen, die immer um fünf Ecken denken und deshalb oft
selbst nicht wissen, ob sie es aufrichtig meinen oder nicht.
„Im Felsenhof", antwortet er ohne Zögern. „Während eines
Essens mit den Kollegen vom Vorstand verwendete ich es
noch, später habe ich es vermisst. Ich hatte nur nicht sofort
Zeit, es abzuholen. Als ich Zeit hatte, war es bereits spurlos

verschwunden."

Na, das ist wenigstens ein Anhaltspunkt, auch wenn seither etliche Tage vergangen sind. Ich bin erleichtert, dass er das gute Stück nicht bei einem Bummel durch den Vergnügungspark ausgestreut haben will. Dann fällt mir wieder ein, wie ich ihn mit dem Tonband aufs Glatteis geführt habe, und frage: „Warum ausgerechnet ich?"

„Sie sind doch der Beste", sagt er schlicht.

Dagegen ist nichts einzuwenden. Die Argumentation der Bohnenstange ist in dieser Hinsicht fehlerlos. Sofern ich ihren Fall übernehme, ergibt sich außerdem vielleicht eine Chance, die offene Rechnung mit Butta zu begleichen.

Doch diese Überlegungen sind theoretischer Natur. Ich gehe es lieber praktisch an.

„Zahlen Sie im Voraus?"

„Ja."

Das ist Praxis. Ich habe einen neuen Klienten. Wir unterhalten uns eine Weile über angenehme Dinge wie mein Honorar, dann erzählt er mir einiges, das er für wichtig hält. Die Anklage hielte es bestimmt für wichtig. Es gibt jetzt ja zwei Mordfälle Sugo. Denn dass Sam freiwillig ein Schwefelsäurebad nahm, daran mag niemand glauben.

Die Bohnenstange hat für beide Fälle kein Alibi. Butta wird sich freuen, wenn er es vernimmt. Er hat nun einmal einen Hang zu rationellen Lösungen. Je mehr Morde er einem Verdächtigen anhängen kann, umso lieber ist es ihm.

Melloni wird unterdessen immer zappeliger. Er wolle Freunde besuchen, behauptet er schließlich, gleich für die nächsten paar Tage. Er habe sie schon lange nicht besucht und wolle es nicht mehr aufschieben. Ich gebe zu, dass dies in seiner Situation wirklich nicht klug wäre.

Er werde sich melden, verspricht er und verschwindet.

Ich bleibe allein zurück mit einem Gläschen Edelsprit und einem Dutzend Glimmstängeln. Die lasse ich mir durch den Kopf gehen und dazu eine Handvoll Gedanken. Etwa den, wie lange Butta brauchen mag, um das Feuerzeug Melloni

zuzuordnen; vor allem aber, wie der Plattfuß jubeln wird, wenn er erst von meinem neuen Auftrag erfährt.
Nach einer Weile habe ich die Vorfreude genügend ausgekostet und mache mich auf den Weg.
Der Felsenhof ist eines der bekanntesten Lokale der Stadt. Eines der bekanntesten Speiselokale, muss ich sagen. Es gibt nämlich andere gastliche Stätten, die sind viel bekannter. Die heißen ‚Schummriges Mauseloch' und so ähnlich. Aber das sind eben nicht Speiselokale im Wortsinn.
Der Felsenhof ist hingegen eines. Woher sein Name stammt, ist umstritten. Der Besitzer behauptet, er leite sich vom Torbogen ab, der in den Gastgarten führt und aus großen Steinblöcken gefügt ist.
Die meisten Gäste sind aber der Ansicht, es habe etwas mit dem gebotenen Essen zu tun. Besonders die berühmten Felsenhof-Nockerln blieben einem Stück für Stück wie Wackersteine im Magen liegen. Deshalb seien sie auch so berühmt. Angeblich kommen die Leute von weither, nur um sich einmal dieses Felsenhof-Drücken zu bescheren.
Ich treffe zur frühen Mittagszeit ein und finde noch einen Parkplatz. Durch den Gastgarten gelangt man in das verglaste Vestibül des Restaurants. Dort lauert hinter einer kleinen Säule, die nur zu diesem Zweck aufgestellt wurde, ein Vampir im Kellnerrock, der pfeilschnell hervorschießt, sowie Beute, sprich ein Gast, sich in das Netz der Spinne wagt.
Mit unfehlbarem Instinkt errät der Vampir den Inhalt der Brieftasche, die da mit Mensch und Kleidung dekoriert vor ihm steht. Je nachdem, wie die Einstufung ausfällt, teilt er Tische zu und verständigt sich mit anderen, Speisekarten tragenden Vampiren, was sie dem Opfer empfehlen sollen. Man begreift, es handelt sich um ein gutes Restaurant und jedenfalls um ein gerechtes. Jeder wird nach Maßgabe seiner Möglichkeiten gemolken.
Es wird erzählt, ein ausländischer Millionär habe die Perfektion des Systems nicht wahrhaben wollen. Er kaufte einem Stromer um viel Geld dessen Anzug ab, mietete von

der Stadtverwaltung um einen Wucherpreis eine Parkbank, schlief regelmäßig auf derselben, wusch und rasierte sich eine Woche lang nicht, trank immer bis spät in die Nacht – dann besuchte er den Felsenhof.
Seine Zeche fiel höher aus als jede andere vor oder nach ihr. Der Vampir ließ sich keine Sekunde irritieren. Er lächelte noch nicht einmal über den plumpen Täuschungsversuch. Dem Millionär brach darüber das Herz. Er liegt in einem Ehrengrab unserer Stadt.
Im Felsenhof hoffe ich also, etwas über den Verbleib des Feuerzeugs der Bohnenstange zu erfahren.
Ich betrete die Eingangshalle, der Vampir schnellt aus dem Schatten seiner Säule, sieht mich und weiß alles. Das Vibrieren seiner Nasenflügel verrät es. Er teilt mir keinen Tisch zu, stellt keine Frage, überhaupt nichts.
Er sagt nur: „Ich bringe Sie in das Büro des Geschäftsführers. Folgen Sie mir bitte."
Solche Qualitätsvampire findet man nur ganz selten, das ist klar. Die werden zu Höchstpreisen gehandelt, gelegentlich mit Gold aufgewogen und bei Bedarf auch entführt. Auf die Art kommen sie viel herum und werden immer besser. Ein Spitzenvampir ist einem Gastronomen mehr wert als drei Meisterköche.
Der hier geleitet mich zu einer diskret gelegenen Tür, öffnet sie, lässt mich eintreten und schließt sie hinter mir. Hätte ich nur Essen im Sinn gehabt, er hätte mich ebenso selbstverständlich zu einem Tisch gelotst und mich bei der Auswahl der Gerichte beraten – derlei Klassevampire arbeiten im Felsenhof.
Dem Geschäftsführer fehlt diese feine Nase. Rein äußerlich könnte er damit zwar Seite an Seite mit den Schweinen im Greifenkopf-Wäldchen Trüffeln suchen, doch an der inneren Ausstattung hapert es. Er blickt nach meinem Eintreten nur kurz von einem dicken Wälzer hoch und sagt: „Beschwerden sind sinnlos. Bei uns diniert sogar der Neffe des Bürgermeisters und ist zufrieden."

Ich kenne zufällig den Neffen des Bürgermeisters. Ein lallender Kretin, dem Onkel nicht unähnlich.
Das Trüffelschwein strichelt weiter in seinen Unterlagen, dann blickt es wieder auf.
„Keine Beschwerde? Also Zeche geprellt! Verdrück dich in die Küche zum Abwasch, du Blindschleiche. Wenn es nach mir ginge, würde man Typen wie dich öffentlich auspeitschen und aus der Stadt jagen. Eine Schande ist das, ja!"
Ich sage nichts. Er macht mir Spaß. Noch. Diesmal dauert es zwei Minuten, dann explodiert er.
„Was stehst du da herum, ranzige Wursthaut? Willst du mir das Büro verpesten, Schweinskopf? Mach, dass du rauskommst, Küchenschabe, aber schnell!"
Wer mich kennt, wird mir ein goldenes Gemüt bestätigen. Zu Ostern verschenke ich bemalte Gipseier, und zu Weihnachten erhält sogar Butta eine Flasche uralten Cognacs. Ich gebe mir viel Mühe bei der Suche nach uralten Etiketten.
Manchmal macht es mir auch Spaß, wenn einer Blindschleiche zu mir sagt. Aber ich lasse mich nicht gern mit dem gesamten Wortschatz eines Trüffelschweins titulieren. Ich lege mein Gemüt also ins Kühlfach, angle mir die Laus und verdrehe ihr den Rüssel.
„Ich brauche nur ein paar Auskünfte", erläutere ich. „Wenn ich sie schnell bekomme, reiße ich dir nicht die Ohren ab zum Einsülzen."
Er zieht den Mund breit, macht verbindliche Augen und schüttelt den Kopf. Das überrascht mich. Da lächelt er, so gut er kann, scheint mit allem einverstanden und schüttelt trotzdem den Kopf!
Ich frage: „Willst du?"
Er lächelt noch breiter und noch verbindlicher und schüttelt wieder den Kopf. Langsam werde ich ärgerlich. Ob er verrückt ist? Ich gebe ihm eine Ohrfeige, frage wieder – das gleiche Resultat. Ich gebe ihm noch eine –, er lächelt und schüttelt den Kopf.
So geht das zehn Minuten lang. Seine Backe ist rot und

angeschwollen und immer noch Lächeln und Kopfschütteln. Das Lächeln wird allmählich schwächer, das Kopfschütteln hingegen immer heftiger.
So einem hartnäckigen Trüffelschwein bin ich tatsächlich mein Lebtag noch nicht begegnet. Schon kündigt sich in meinem linken Arm ein Krampf an.
Nimm den rechten, rede ich mir zu, das nützt auch seiner Ausgeglichenheit. Genau in diesem Augenblick kapiere ich, wo der Hund begraben ist.
Mit der rechten Hand verdrehe ich ja noch immer seinen Rüssel! Das ist die Erklärung, das muss sie sein.
Er hat die ganze Zeit zustimmend genickt und nicht verneinend geschüttelt! Das Nasendrehmoment hat sein Nicken für mich aber in ein Schütteln verwandelt, daher das Missverständnis. Ich überprüfe das gleich, indem ich den Rüssel gerade richte, ihm noch eine Ohrfeige gebe und dazu meine Frage wiederhole. Es klappt. Er nickt.
„Das war aber viel für ein paar Auskünfte", bemerkt er erschöpft. „Sie müssen unbedingt auch eine Kleinigkeit essen."
Ich gebe ihm zu verstehen, dass ich nichts dagegen habe, sofern es sich nicht um Felsenhof-Nockerln handelt. Er verspricht es und bestellt per Telefon ein Menü.
„Darf ich Ihnen dann die Tageskassa anbieten?", fragt er.
„Natürlich öffne ich auch den Safe, wenn Sie es wünschen. Ganz im Vertrauen: Es zahlt sich aus."
Das gute Trüffelschweinchen!
Ich habe es so ausgiebig überredet, dass es fast ein bisschen beleidigt ist, weil ich ablehne. Das Missverhältnis zwischen meiner Vorleistung und der geringen Gegenleistung, die ich von ihm dafür fordere, widerspricht den Grundsätzen seiner Geschäftsmoral.
Schließlich lasse ich mich überzeugen und nehme wenigstens das Essen als Geschenk des Hauses an. Es ist nicht übel. Die Nudeln wurden einzeln in Champagnerflaschen gegart, versichert er mir. Je Nudel eine Flasche. Ich glaube ihm.

Dennoch sind sie ein wenig zu hart. Er lässt sofort den Koch kommen und spickt ihn damit, so sehr empört ihn das. Der Koch verschwindet als Igel und wird später wohl auf der B 93 überfahren werden wie alle Igel – aber das nur nebenbei.
Als ich mit dem Essen fertig bin, bringe ich endlich meine Fragen an. Das Trüffelschwein selbst hat mit dem Betrieb im Gastraum nicht viel zu tun, doch da der Tisch bestellt war, findet es ohne Schwierigkeiten heraus, welcher der Vampire an dem betreffenden Tag dort bedient hatte. Der Vampir heißt Anton und ist verfügbar.
Er nickt zustimmend, als ich ihm erkläre, worum es geht, und sagt: „Natürlich erinnere ich mich. Der Herr ist ja noch einmal erschienen, um sich nach dem Feuerzeug zu erkundigen."
Die Bohnenstange hat mir davon erzählt. Als Entlastung ist es wertlos. Auch wenn sie Sam Sugo auf dem Gewissen haben sollte, hätte sie sich bei Anton erkundigt, schon um die Geschichte von dem Verlust überzeugender zu gestalten.
„Es war ein teures Stück", fährt Vampir Anton fort. „Ich verstand den Ärger des Herrn Doktor."
„Sie haben das Feuerzeug gesehen?"
„Aber ja. Das habe ich auch Dr. Melloni gesagt. Eine der Damen an seinem Tisch spielte damit. Da fiel es mir auf."
Davon hat mir Melloni nichts erzählt. Wahrscheinlich hat er es vergessen.
Eine der Damen, überlege ich. Da gibt es drei im Vorstand, die infrage kommen: die Kleiderschrank-Oma, die Fahnenmaid und der Unschuldsengel.
„Wissen Sie, welche es war?"
„Ich kenne ihren Namen leider nicht", entschuldigt sich der Vampir.
„Anton!", faucht das Trüffelschwein. „Es reicht bestimmt, wenn Sie die Frau beschreiben. Stellen Sie sich nicht so ungeschickt an!"
Das Trüffelschwein will mir unbedingt helfen, damit ich rascher fertig werde. Ich danke mit einer Handbewegung, es versteht mich jedoch falsch, zuckt zurück und signalisiert,

dass es von nun an schweigen werde. Das ist mir auch recht. Anton hat unterdessen einen sehr nachdenklichen Gesichtsausdruck aufgesetzt.
„Es war eine der Jüngeren", sagt er schließlich. „Ich weiß nur nicht, welche. Sie hatte irgendetwas Besonderes an sich ... Es war nicht die Figur, die war schon in Ordnung, außerordentlich ordentlich, wenn ich das so ausdrücken darf, aber das war es nicht ..."
„Vielleicht die Augen?", frage ich gespannt.
Eine kleine Sonne geht auf über den Zügen des Vampirs. Er lächelt beseligt und ruft: „Die Augen! Wie habe ich die vergessen können! Die Augen waren es! Einmalige Naturdenkmäler, das versichere ich Ihnen. Ich hätte die Dame fraglos um ihre Hand gebeten, wenn ich nicht im Dienst gewesen wäre, auf der Stelle hätte ich das!"
Das Trüffelschwein kocht vor Zorn.
„Anton!", brüllt es. „Sie vergessen sich. Außerdem sind Sie schon verheiratet."
Die Sonne über den Zügen des Vampirs geht rasch wieder unter.
„Das weiß ich", sagt er steif.
„Noch etwas", kehre ich zum Thema zurück. „Wer hat nach dem Essen Mellonis Tisch abgeräumt?"
„Ich selbst", antwortet Anton. „Wäre das Feuerzeug liegen geblieben, hätte ich es keinesfalls übersehen, dafür verbürge ich mich. Kann ich jetzt gehen?"
Das Trüffelschwein sieht mich fragend an. Ich nicke zustimmend und der Vampir flattert hinaus, neuen Taten entgegen.
„Wünschen Sie noch etwas?", fragt das Trüffelschwein diensteifrig.
Ich lehne ab, doch obwohl ich alles tue, um rasch weiterzukommen, lässt mich der dankbare Bursche erst weg, als ich verspreche, bald wieder bei ihm einzukehren.
Ich verlasse den Felsenhof im vollen Bewusstsein der großen Gefahr, die mein nächstes Ziel in sich birgt. Die, dass ich den

heutigen Tag als Verlobter Nummer 9 beenden könnte. Denn die Augen, die den Vampir so beeindruckt haben, diese Augen können nur einer gehören: dem Unschuldsengel!

Baisse für Bohnenstangen

Falls sich jemand nicht erinnern kann: Der Unschuldsengel ist die reizende Maria Mauerblüm, die mich bei meinem ersten Besuch beinahe mit einem fliegenden Briefbeschwerer Bekanntschaft schließen ließ.
Hätte ich damals nicht so schnell reagiert, läge ich heute in Spiritus im Ausstellungsraum des städtischen Krankenhauses. Dort werden bemerkenswerte Unfallopfer gezeigt. Der Besucherandrang ist riesig, vor allem die Kleinen aus den Vorschulklassen sind immer aufs Neue begeistert. Sie haben richtige Lieblinge unter den Spiritusleichen, und man hört oft Sätze wie: „Ich möchte, wenn ich groß bin, so werden wie Nr. 13, der in den Teigrührkessel der Brotfabrik gefallen ist." Bestimmt lässt dann ein Widerspruch nicht lange auf sich warten.
„Ah bah! Nr. 13 ist bäh! Ich möchte Nr. 18 werden, der Fallschirmspringer, der auf dem Blitzableiter des Kirchturms gelandet ist."
Und so weiter und so fort. Ich fürchte allerdings, dass ich als Opfer eines Briefbeschwerers keine besondere Hochschätzung bei den Kinderchen gefunden hätte. Die wenigsten können noch schreiben, was sagt denen ein Briefbeschwerer?
Man wird sich vielleicht auch erinnern, dass sich der Unschuldsengel von der Symphonie für Kirchenglocken an die Tür rufen lässt. Diesmal erscheint er schon beim fünften Schlag. Aber wie sieht er aus, der Unschuldsengel!
In meinem Gedächtnis lebt sein Bild als Offenbarung aufregendster Formen, kombiniert mit den wundervollsten Augen, die je in die Welt geblinzelt haben. Und nun? Die Formen sind noch vorhanden, jede an ihrem Platz, aber es fehlt ihnen der innere Schwung, die Spannung, die Dynamik, das gewisse Etwas eben.
Und erst die Augen!
Mir kommen fast die Tränen, so traurig ist der Anblick. Dabei bin ich bestimmt nicht einer von denen, die bei jeder

Gelegenheit heulen. Doch der Anblick ihrer Augen ist fast unerträglich. Die blitzenden Kristalltempel von einst sind nur noch matte Milchglasscheiben, das Flammenblau, in dem Gewitter tobten, trübes Brackwasser. Dabei sind seit meinem ersten Auftritt bei ihr noch nicht einmal drei Wochen vergangen.
Sie sieht mich an, erkennt mich und sagt: „Kommen Sie herein."
Auch ihre Stimme ist ein zerbrochenes Instrument. Es ist ein Jammer. Wir gehen in das Wohnzimmer und verteilen uns auf den Plüschmöbeln, doch prüfe ich diesmal, ob stählerne Gebrauchsgegenstände in der Luft liegen. Scheinbar droht keine Gefahr.
„Haben Sie es gehört?", fragt der Unschuldsengel mit sanft schwankender Stimme.
„Sam Sugos goldige Wiederkehr? Deshalb bin ich hier."
„Natürlich. Wie dumm von mir", schwankt sie weiter.
„Ich arbeite jetzt für die Bohnenstange", erkläre ich und bessere gleich aus: „Für Melloni."
Immerhin ist sie meiner Ansicht nach ja in den Kerl verknallt und hört vielleicht nicht gerne, dass ich ihn Bohnenstange nenne.
„Oh!", haucht sie schwankend. Langsam fällt mir ihre neue Art zu reden auf die Nerven, besonders in Verbindung mit dem Plüsch. Es ist wie eine weit auseinandergezogene Dünung, auf der eine Nussschale schaukelt. Seit meinem letzten Bootsausflug fahre ich nur mehr in die Berge, weil man dort nicht seekrank wird.
Und jetzt diese Stimme. Ich muss etwas dagegen tun. Ich sage ganz offen: „Die Polypen suchen ihn. Sie suchen ihn wegen des Feuerzeugs, das Sie im Felsenhof abgestaubt haben und das neben Sugos Lieblingsplombe heute wieder aufgetaucht ist."
Natürlich bin ich nicht sicher, dass sie die Feuerzeugdiebin war, aber ihr ganzer Zustand verrät, dass ihr eine gewaltige Laus über die Leber gelaufen ist. Sugos Tod allein kann sie

kaum so erschüttert haben; da steckt noch mehr dahinter. Der Unschuldsengel wird augenblicklich grün um die Nase und vibriert am ganzen Körper. „Treffer!", denke ich zufrieden.
„Da-da-das Feuerzeug", stammelt sie, „wa-wa-war auch im Tank-ank?"
Ich nicke. Sie wird noch grüner. Aus den ehemals glänzenden Unschuldsaugen ergießt sich ein Strom milchiger Tränen, der auf den Plüsch plätschert, bis der so mickrig aussieht wie ein gewaschener Pudel.
Nach einer Weile verebbt die Flut. Der Unschuldsengel gleicht nun einem blau-grün gestreiften Bonbon. Blaue Streifen vom Lidschatten, grüne Streifen purer Haut.
„Ich bin an allem schuld", sagt sie, nachdem sie sich einigermaßen gefasst hat. Ihre Stimme schwankt nun nicht mehr, dazu ist sie zu kraftlos.
Sie sammelt sich kurz und erzählt dann in resigniertem Tonfall, wie sie als Unschuldsengel auch einmal Friedensengel spielen wollte und das danebengegangen ist. So geht es ja oft, wenn einer sein angestammtes Fach wechselt.
Sie hat also das Bohnenstangenfeuerzeug an jenem Dienstag im Felsenhof genommen. Aber nicht etwa, um es selbst zu verwenden oder unter der Hand weiterzuverkaufen, sondern um der Bohnenstange zu helfen!
Im Nachhinein hört sich das lächerlich an, doch hat sie es ohne Zweifel gut gemeint. Die Vorfälle in der Bürgerinitiative und mein Auftauchen hatten sie geängstigt. Persönlich war sie nicht an der Sabotage beteiligt, wusste aber um die Beteiligung anderer. Deren Vorgehen passte ihr schon lange nicht. Immerhin ist sie Lehrerin und erzieht brave Kleinchen zu Gehorsam und Anstand – das hat man im Blut, das lässt sich nicht abends abstreifen wie ein Tageskleid. Außerdem machte sie sich Sorgen um die Bohnenstange. Das habe ich ganz richtig eingeschätzt.
Sie entwickelte also einen Plan. Sam Sugo sollte darin eine Hauptrolle übernehmen. Ihren Informationen nach war er

nämlich wohl ein chemischer Totschläger, ansonsten aber äußerst harmlos.

Sie brachte das Feuerzeug an sich und telefonierte mit dem Feind, um ein Geheimabkommen auszuhandeln. Sie wünschte eine diskrete, Sugo irgendeine Erledigung der Affäre. Hauptsache, die Anschläge hörten auf. Sie hatten also ein gemeinsames Interesse.

„Die Lippenstiftspuren stammten von Ihnen?", erkundige ich mich.

„Ja, er war sehr höflich. Er schlug sein Büro als Treffpunkt vor und erwartete mich nach Geschäftsschluss am Nebentor. Ich wollte natürlich nicht gesehen werden."

Das Rendezvous kam zustande. Der Unschuldsengel übergab Sugo das Feuerzeug und empfahl ihm, es als Druckmittel gegen Melloni einzusetzen. Sugo könnte beispielsweise behaupten, er hätte es kurz nach einem Anschlag am Tatort gefunden. Die Bohnenstange wüsste zwar, dass es sich um eine Lüge handelte, doch der Unschuldsengel baute darauf, dass Melloni eine öffentliche Anschuldigung, die er nur schwer entkräften konnte, auf jeden Fall umgehen würde. Sie gedachte auf diese Art ein Patt herbeizuführen, das beide Seiten zum Stillhalten verpflichtete. Beide Seiten, denn auch Sugo begab sich, im Fall, dass er mitmachte, in eine Situation, die ihn zum Schweigen verpflichtete.

Ein naiver Plan, könnte man einwenden. Doch der Unschuldsengel hat die Bohnenstange gar nicht falsch eingeschätzt. Auch das Abkommen, das der Luftballon erreicht hat, beruht ja auf der Drohung mit öffentlicher Bloßstellung. Vor nichts anderem hat Melloni mehr Angst. Mit Sugo ließ sich alles ganz gut an.

„Zunächst schien er ein bisschen skeptisch", führt der Unschuldsengel aus. „Das Erpresserische an meinem Vorschlag gefiel ihm nicht. Die Anschläge gefielen ihm andererseits noch weniger. Ich war ziemlich sicher, dass er zustimmen würde, nur mochte er sich nicht sofort festlegen. Er war bereit, das Feuerzeug in seinem Safe aufzubewahren,

und versprach, mir seine Entscheidung bald mitzuteilen."
„Und?", frage ich, weil sie stockt.
„Ich habe nichts mehr von ihm gehört", sagt sie mit starrem Blick und frisch aufziehendem Stimmschwanken. Ich seufze.
„Wie ging es weiter?"
„Er brachte mich zu dem Seitenausgang zurück. Er sperrte mich aus und sagte, er wolle ein wenig in Ruhe nachdenken und das könne er nur in seinem Büro. Ich ging nach Hause. Nach seinem rätselhaften Verschwinden habe ich Angst bekommen, darum habe ich mich nicht gemeldet, als die Polizei nach der unbekannten Frau fahndete."
„Das war wohl das Vernünftigste", sage ich. Wir schweigen eine Weile.
Meine Laune wird von Sekunde zu Sekunde schlechter. Ganz katastrophal verschlechtert sie sich. Warum?
Weil ich dem Unschuldsengel seine Geschichte abkaufe. Einige Momente lang hatte ich die Möglichkeit erwogen, mit seiner Aussage die Bohnenstange aus dem Feuer zu holen – aus der Feuerzeugbowle, in der Butta sie bestimmt bald gar kochen wird.
Jetzt ist nicht nur diese Hoffnung dahin, sondern Melloni noch schlimmer dran als zuvor. Ich kann den Gedankengang der Polypen bis aufs Komma voraussagen. Sugo ist in sein Büro zurückgekehrt, um in Ruhe nachzudenken? Sehr schön. Worüber er wohl nachgedacht hat? Na selbstverständlich, ob er den Handel mit Melloni abschließen soll oder nicht, das liegt auf der Hand.
Nun – wenn er nicht abschließen wollte, hätte er das Feuerzeug in den Safe gelegt und wäre nach Hause gefahren. Das hätte wahrscheinlich sein Leben gerettet. Wer weiß, welches noch ...
Offenbar entschied er sich anders. Er wollte die Chance, die ihm unverhofft geboten wurde, wahrnehmen. Was lag da näher, als Melloni anzurufen und ihn zu sich zu bestellen, um mit ihm zu verhandeln?
Freilich hat niemand den Kerl gesehen, doch hat er etwa ein

Alibi? Natürlich fuhr er hin. Vielleicht gerieten sie in Streit, vielleicht war es kein vorsätzlicher Mord. Es mag bei Melloni verständliche Erregung im Spiel gewesen sein. Letztlich wollte Sugo ihn ja erpressen.
Bestimmt wird dieser Umstand vom Gericht berücksichtigt werden. Die Lippenstiftspuren stammen also vom Unschuldsengel, das Rätsel ist gelöst. Dank dem Schnüffler Jingle Bell. Nur blöd für ihn, dass er damit seinen Klienten an den Galgen liefert. Genau so werden die Bullen argumentieren, wenn ich ihnen keine bessere Lösung anzubieten habe – und dann gute Nacht, Bohnenstange. Dumm für dich, dass dein Opfer das Feuerzeug noch heimlich einstecken konnte, ehe du es entsorgt hast.
„Haben Sie bestimmt niemanden gesehen?", frage ich. „Im Firmengelände oder vor dem Zaun?"
Sie schüttelt das blau-grüne Bonbon.
„Ganz gewiss nicht. Ich habe extra darauf geachtet, weil ich selbst nicht gesehen werden wollte."
Das leuchtet mir ein.
„Für die Bohnenstange ist Ihre Aussage kein Gewinn", sage ich schließlich und erkläre, warum. Es ist schwer vorstellbar, doch es gelingt ihr, noch tiefer zu ergründen. Sie tut mir wirklich leid.
Weil ich das Herumsitzen im Plüsch nicht länger aushalte, stehe ich auf und sehe aus dem Fenster. Auf dem abbröckelnden First gegenüber sitzen die gleichen grauen Tauben wie vor Wochen. In dem einzigen geputzten Fenster des dazugehörigen Hauses spiegelt sich eine ausrollende Polypenkutsche, die unmittelbar unter mir hält. Das ist interessant. Ich bin dem geputzten Fenster dankbar. Ich nehme mir vor, es nie einzuschlagen, nicht einmal aus Ärger. Es wäre mir nämlich nicht recht gewesen, den Bullen beim Unschuldsengel zu begegnen. Nicht zu diesem Zeitpunkt, da alles gegen Melloni spricht.
Daran, dass sie zum Unschuldsengel wollen, zweifle ich natürlich gar nicht.

„Was soll ich tun?", flüstert der eben.
„Was, weiß ich nicht. Aber ich kann Ihnen verraten, wann Sie sich entscheiden müssen. Sehr schnell. Sie erhalten Besuch."
Sie starrt mich großäugig an, dann begreift sie.
„O Gott! Was soll ich sagen?"
Ich werfe einen Blick ins Spiegelfenster. Die Bullen sind bislang nicht ausgestiegen. Wahrscheinlich suchen sie noch den Zündschlüssel zum Motorabstellen. Ich nehme den großen Stein heraus, den ich zufällig in der Tasche trage, öffne das Fenster, beuge mich vor und lasse ihn sacht fallen. Er trifft genau das Dach der Bullenkutsche. Das wird sie ein wenig aufhalten – und ein wenig gewonnene Zeit ist genau das, was der Unschuldsengel momentan dringend braucht.
„Erzählen Sie so wenig wie möglich", empfehle ich. „Diese Burschen gehören nicht zur ersten Garnitur. Wahrscheinlich erkundigen sie sich vorerst nur routinemäßig nach Melloni. Bestimmt machen sie das bei allen Vorstandsmitgliedern Ihres Vereins."
Von unten ertönen das Knallen zweier Autotüren und ein halblauter Aufschrei. Da hat einer den Finger im Türfalz vergessen.
„Polieren Sie sich ein bisschen auf", mahne ich den Unschuldsengel. „Wenn Sie so übel aussehen, schöpfen sogar diese Pflaumen Verdacht."
Zum Glück ist sie nicht auf den Kopf gefallen, auch wenn das gestreifte Bonbon derzeit gerade diesen Eindruck erweckt. Aber das ist äußerlich.
Ich marschiere durch den Flur in Richtung Ausgang. Bevor ich die Wohnungstür schließe, sehe ich sie schon mit nichts als einem Waschfleck in der Hand unter die Dusche sausen. Da ist wieder Spannung drin!
Schon höre ich plumpe Schritte im Treppenhaus. Ich steige rasch eine Etage höher und hoffe, dass die Bullen zählen können. Einer kann es. Der läutet an Tür Nr. 20. Er stöhnt beim Läuten, weil ausgerechnet sein frisch gequetschter Finger der Läutefinger ist.

Unsere Polypen werden ausgebildet bis ins letzte Detail. So ist ihnen auch ein Finger zum dienstlichen Läuten vorgeschrieben. Eine simple Quetschung ist keine Entschuldigung, den Dienstfinger nicht zu verwenden. Das steht im Kommentar zur Vorschrift. Wer sich nicht genau daran hält, kann seine Beförderung in den Kamin schreiben, dafür sorgen schon die Kollegen.
Die Symphonie für Kirchenglocken dröhnt fünf lange Minuten. Dann erst öffnet der Unschuldsengel. Ich weiß nicht, was er anhat. Viel kann es nicht sein, denn beide Bullen stoßen einen lauten Dienstpfiff aus, und das Geräusch ihrer Schritte verrät, wie sehr ihre Knie wackeln.
Die Wohnungstür fällt ins Schloss, ich habe freie Bahn.
Der Bullenkübel hat eine tiefe Delle im Dach. Mein Stein liegt auf dem Gehsteig. Es ist ein ziemlich scharfkantiger Stein, ein übler Bursche. Den kann man nicht auf dem Gehsteig liegen lassen, es ist zu gefährlich. Typisch für die Polypen, dass sie es trotzdem tun.
Mitnehmen will ich ihn auch nicht, deshalb schiebe ich ihn unter einen Reifen des Streifenwagens, dort schadet er niemandem.
Sie suchen also bereits nach Melloni – inoffiziell oder offiziell, je nachdem, wie viel sie bisher erfahren haben. Ich mache mir keine Illusionen. Butta wird nicht viel Zeit vergeuden. Es ist eine zu schöne Spur. Zu schön?
Gerade richtig für Butta. Mittlerweile sind etliche Stunden seit Bekanntwerden der Goldfunde vergangen. Die Untersuchung des Tatorts ist bestimmt schon beendet. Das käme mir sehr gelegen, denn ich will unbedingt einmal selbst in die Fabrik. Ich habe das Gefühl, als hätte ich einem wichtigen Punkt zu wenig Aufmerksamkeit geschenkt.
Ich starte den Käfer und fahre zu den Sugo-Werken. Vor der Torschranke halte ich an. Ein grauer Zwerg in einer blauen Uniform tritt aus dem Pförtnerhäuschen und hebt grüßend die Hand. Schon dabei bewegt er unaufhörlich seine Lippen, so geschwätzig ist der Bursche.

Ich kurble das Seitenfenster herunter. Er streckt prompt den Kopf ins Wageninnere, und ich kurble es wieder ein bisschen hoch. Auf diese Art kann ich seinen Wortstrom kontrollieren. Es scheint ihm öfter so zu ergehen, denn er grinst verständnisvoll und wartet, bis ich die Klemme lockere.
„Polizei?", sprudelt er daraufhin augenblicklich los. „Oder noch ein Bursche von der Presse?"
Fenster hoch. Ich zeige ihm meinen Ausweis. Er nickt zufrieden. Das ist mein Zeichen für eine halbe Kurbeldrehung.
„Sie müssen wissen", erklärt er umgehend, „ich habe beide gesehen, kurz bevor sie ermordet wurden, den Direktor und seine Frau. Ich frage mich schon, ob ich etwa eine Art schlechtes Vorzeichen bin, wenn Sie begreifen, wie ich das meine. Es …"
Fenster hoch.
„Erzählen Sie das nur nicht den Polypen. Die verhaften Sie aus dem Stand, solange sie keine bessere Spur haben."
Fenster locker. Er lacht.
„Keine Angst, ich kann den Mund halten. Trotzdem, ein komisches Gefühl bleibt es doch. Zuerst der Chef, der vorbeifährt und mich grüßt wie jeden Abend. Zwei Tage später seine Frau, die ein paar Worte mit mir wechselt und gleich wieder verschwindet … Die haben beide nicht geahnt, dass sie nur noch wenige Stunden zu leben hatten – und ich auch nicht. So schnell geht das."
Fenster hoch.
„Was wollte die Dauerwurst – was wollte Sally Sugo von Ihnen?"
Er grinst und sagt nichts. Ich warte eine Weile, sehe ihm beim Grinsen zu und merke dann, dass ich vergessen habe, das Fenster zu lockern. Er keucht, doch hindert ihn das nicht am Sprechen.
„Dauerwurst, ja, ja – ach, die war schlecht gelaunt, die hat nicht viel geredet. Wollte etwas aus dem Büro des Chefs, aber ich musste ihr sagen, dass es noch versiegelt war. Sie ist gleich weitergefahren, ohne Gruß. Geärgert habe ich mich,

obwohl es doch die Frau vom Chef war. Später hat es mir leidgetan. Einfach abgeknallt wie …"
Fenster.
Ich frage ihn, ob er wisse, was Sally im Büro suchte. Er weiß es nicht.
„Darf ich reinfahren?"
Fenster.
„Aber ja. Ein Polyp ist in der Halle. Soll den Tank bewachen. Ich möchte wirklich gern wissen, wozu das jetzt noch gut …"
Fenster.
„Welche Halle ist es?"
Fenster.
„Nummer zwei. Geradeaus und dann links."
Ich bedanke mich, lasse seinen Kopf frei, er öffnet die Schranke, und ich fahre ins Werksgelände.
Die Halle hat mehrere Eingänge. Ich nehme den erstbesten und treffe gleich auf den Polypen. Ich kenne ihn. Es ist einer von der alten Garde. Die haben keinen Ehrgeiz mehr, aber eine meterdicke Haut. Gesehen haben sie auch schon alles, die erschüttert nichts – nicht einmal der Anblick eines Privatschnüfflers.
Der Polyp schaukelt auf den Hinterbeinen eines Sessels, den Rücken an die Wand gelehnt, die Kappe so weit über die Augen gezogen, dass er gerade noch darunter hervorblinzelt. Nur blinzeln diese alten Polypen längst nicht mehr. Für die ist Blinzeln Energieverschwendung.
Er senkt lediglich zwei Wimpern seines rechten Lides. Mehr will er in die Begrüßung nicht investieren.
„Hallo Uniformierter", sage ich. „Was machst du denn da?"
Er bewegt das vordere Fingerglied seines Zeigefingers um einen halben Millimeter. In der Richtung der Bewegung steht ein Tank, vier Meter hoch, gut drei Meter im Durchmesser. Das ist also das Mordinstrument, das der Polyp bewachen muss.
„Wozu?", frage ich. „Habt ihr Angst, eine Putzfrau schleppt ihn davon?"

Er zuckt die Achseln. Wenn man sehr genau hinsieht, errät man es.
„Du hast nichts dagegen, dass ich ihn mir ansehe?"
Erneutes Achselzucken.
Eine Eisenleiter schwingt sich entlang der Tankrundung nach oben, der mächtige Deckel ist halb aufgeklappt. Ich klettere hinauf und werfe einen Blick in Sugos Grab, es ist leer. Ich klettere wieder hinunter.
„Ist das Eimerchen nicht überprüft worden, als der Bursche abgängig war?"
Der Polyp schiebt seine Kappe hoch und betrachtet mich verzweifelt.
„Nervensäge", brummt er. Ich warte ruhig ab. Ich bin sicher, er wird antworten, weil er weiß, dass Streiten aufwendiger ist. Ich behalte recht.
„Nach jeder neuen Füllung wird der Tank plombiert", murmelt er. „An jenem Morgen erledigte das ein Arbeiter. Er dachte später nicht daran. Niemand sah sich veranlasst, einen plombierten Tank zu öffnen."
Der Bulle schnauft vor Anstrengung.
„Ich gehe gleich", verspreche ich, „wenn du mir noch verrätst, wer den Laden jetzt leitet."
Er sieht mich an, wie er die Fliegen ansieht, die von Zeit zu Zeit auf seiner Nase Platz nehmen. Doch er erschlägt sie nicht, das ist ihm zu anstrengend.
„Chefchemiker Luigi Laugo", sagt er geschwächt und macht eine neuerliche Bewegung mit dem Finger.
Ich verlasse ihn in der angegebenen Richtung und frage mich durch, bis ich den Knaben vor mir habe.
Es gibt eine Formel, nach der kleine, hohlwangige Burschen produziert werden, die weiße Mäntel und dicke Brillen tragen. Luigi Laugo ist so einer. Als Chefchemiker ist er genau der Mann, mit dem ich über meine Idee reden kann. Im Trubel um Sugos Verschwinden und die nachfolgenden Ereignisse habe ich den Geschäftspapieren, die ebenfalls abhandengekommen sind, keine Beachtung geschenkt. Durchaus möglich, dass sie

auch im Schwefelsäurebad endeten. Nachweisen lässt sich das nicht. Papiere haben keine Goldplomben.
Was aber, wenn sie nicht im Tank gelandet sind?
Darüber will ich mehr erfahren, da soll mir Laugo helfen. Er begreift gleich, worauf ich hinauswill.
„Die Unterlagen betrafen ein patentreifes Verfahren", erklärt er. „Falls jemand die Firma durch ihre Wegnahme schädigen wollte, gelang das insoweit, als eine kleine Verzögerung eingetreten ist. Bei komplizierten Verfahren bedeutet eine Patentanmeldung zuallererst eine Papierlawine. Der Großteil der Unterlagen war selbstverständlich mehrfach vorhanden, sie mussten nur neuerlich zusammengestellt werden. Unter normalen Umständen keine große Arbeit – bei uns hat es sich verständlicherweise verzögert."
Er starrt mich kurzsichtig an.
„Dieser Tage sind wir so weit. Halten Sie einen Zeitgewinn von zwei Wochen für ein ausreichendes Mordmotiv?"
„Kommt darauf an", sage ich. „Wenn ein anderer deshalb schneller ist ..."
Er schüttelt zweifelnd den Kopf.
„Davon hätte ich erfahren. Im Übrigen kann kaum jemand etwas mit den Papieren anfangen. Stellen Sie sich vor, ein Kaufmann oder ein Arbeiter oder ein Arzt erscheint beim Patentamt mit einem kompletten Industrieverfahren. Ganz unmöglich."
Ich bleibe hartnäckig.
„Wer könnte denn davon profitieren, ein Chemiker?"
Wenn er nachdenkt, wirkt er noch kurzsichtiger.
„Schwerlich", sagt er, „aber immerhin vorstellbar. Am einfachsten wäre es für ein Unternehmen, das sich schon mit dem gleichen Problem beschäftigt hat."
„Die wird es wohl geben", rege ich an.
Plötzlich grinst er. In seiner Formel ist auch Grinsen enthalten.
„Gewöhnlich", antwortet er, „werden Forschungsvorhaben in der Branche nicht an die große Glocke gehängt. Zufällig" –

das entlockt ihm ein Kichern – „glaube ich aber zu wissen, dass wir unsere Konkurrenten um Längen geschlagen haben. Nebenbei bemerkt müsste jeder, der mit unseren Ergebnissen das Patent anmelden wollte, die Unterlagen umarbeiten. Alles andere wäre mehr als auffällig."
Ich nehme das zur Kenntnis und will mich verabschieden, da hält er mich fest.
„Sam Sugo war ein guter Chemiker und Chef. Ich hoffe, jemand erwischt den Verbrecher!"
Dank der Brille sieht der gerührte Laugo aus wie eine hagere Bordwand, hinter deren Bullaugen halbhoch das Wasser steht. So was!
Die Formel ist wirklich ergiebig. Ich frage mich, ob sich eine genaue Analyse lohnte. Doch jetzt habe ich keine Zeit, vielleicht später. Ich tätschle ihm beruhigend das Eierköpfchen und fahre ins Sekretariat des Handelsvereins, um Unterlagen zu wälzen.

Alibi sucht Abnehmer

Zum Teufel, Leute, so kann es nicht weitergehen! Nicht lange jedenfalls, sonst ist es aus mit mir. Wenn ich die Augen schließe, fällt eine grimmige Maniküre mit eisernem Gebiss über mich her. Sie hat eine Schere, die mühelos in meinen Körper dringt und Nervenendchen für Nervenendchen einzeln zurechtstutzt. Es ist unerträglich. Ich muss die Augen öffnen. In dem Moment bricht flüssiges Gold durch meine Pupillen und verteilt sich in Hinterkopf und Genick, wo es sprudelnd zu kochen beginnt. Das ist auch unerträglich.
Irgendwann erreiche ich einen Zustand relativen Gleichgewichts. Ich schließe die Augen zu drei Vierteln. Die Maniküre schneidet nur in jedes zweite Nervenende und das Gold siedet, statt zu kochen.
Genau genommen ist auch das unerträglich. Dabei hat es ganz harmlos angefangen!
Nach dem harten Tag war Entspannung angesagt. In der ersten Bar habe ich einen Freund getroffen, in der zweiten traf der eine Freundin, die in der dritten ihrerseits eine Freundin aufgabelte, die auf einer vierten Bar bestand, die selbst einmal eine andere Bar kennenlernen wollte ...
Ich bin in meinem Bürostuhl sitzend zu mir gekommen. Das Erste, was ich nach dem Aufwachen gesehen habe, war Theos Gesicht in Großaufnahme. Er versuchte, mich mit einem Fingerhut voll Zuckerlikör wiederzubeleben. Ich war leider zu schwach, um den Angriff mit einer endgültigen Notwehrhandlung abzuwehren.
Theo sitzt hinter seinem Schreibtisch und beobachtet mich. Ich sehe nicht hin, aber ich spüre es. Ich spüre alles, verdammt!
Er beobachtet mich mit seinem treuherzigen Dackelblick und überlegt unaufhörlich, ob er jetzt gleich neue Visitenkarten bestellen soll oder noch abwarten. Detektei Torpedo klingt in seinen Ohren ja viel besser als Bell/Torpedo.
Das überlegt er. Ich fühle es. So verrinnt die Zeit.

Dann stürzt das Haus ein. Das Haus, in dem wir sitzen, stürzt ein. Wunderbar. Erstmals freut mich Theos Gegenwart. Dieser unnatürliche Zustand währt aber nicht lange, denn das Haus stürzt doch nicht ein. Es ist das Läuten des Festnetztelefons, das meinen angegriffenen Sinnen den Einsturz vorgespiegelt hat.
Augenblicklich beschließe ich, nicht abzuheben. Ich hebe nicht ab, Theo erledigt das für mich.
„Natürlich", höre ich ihn verbindlich sagen, „ist Jingle Bell hier. Natürlich spricht er gerne mit Ihnen."
Dieser Aasgeier! Ich suche in meiner Jackentasche nach einer Kanone, aber ich habe keine Jacke an. Es ist auch schon zu spät. Theo drückt mir den Hörer gegen die Lippen.
„Ja?", höre ich eine jämmerliche Stimme winseln. Ich will nicht glauben, dass es meine sein könnte. Es ist meine. Ich habe Mitleid mit ihr.
Darauf folgt eine andere Stimme, eine Mädchenstimme, zart und blass wie verdünnte Milch. Verdünnte Milch ist gerade gut für mich.
„Bell?", fragt die Stimme.
Ich verzichte auf kluge Bemerkungen und sage: „Ja."
Es klingt schon kräftiger, das macht die Milch.
„Sie sind doch der Mann, der bei Isabel war? Ich muss mit Ihnen sprechen."
Welche Isabel, überlege ich. Habe ich gestern eine Isabel kennengelernt, oder heute, oder früher einmal? Es fällt mir nicht ein. Ich bin nicht sicher, ob es mir jemals wieder einfallen wird, so traurig steht es um mich.
„Sprechen Sie nur."
Sie zögert. Vielleicht hat sie kapiert, dass ich völlig ahnungslos bin.
„Nicht am Telefon", entscheidet sie. „Es ist eine" – sie zögert wieder – „eine delikate Angelegenheit."
Da weiß ich, mit wem ich rede. Es liegt daran, wie sie das Wort ‚delikat' ausspricht. Da steckt eine schlimme Fantasie dahinter! Ich erinnere mich wieder an eine Isabel. Niemand

anders als die Fahnenmaid heißt so, und ihre Freundin mit der üblen Fantasie ist Rosi.
„Rosi?", frage ich.
„Ja?"
Ich will einfach auflegen. Ich bin nicht in der Form für delikate Angelegenheiten. Zum Glück sehe ich vorher zufällig Theo an. Er setzt eben sein gefährlichstes Gesicht auf – gefährlich für mich. Ich kenne es. Es bedeutet, er will mir einen Witz erzählen. Da gerate ich in Panik.
„Wo sind Sie?", frage ich.
„Im Bahnhofscafé."
„Warten Sie auf mich."
Ich stehe vorsichtig auf. Es funktioniert. Theo kichert schon in sich hinein, ich habe keine Zeit mehr zu verlieren.
„Erzähl ihn mir morgen", krächze ich. „Morgen in einem Jahr."
Ich bin draußen, lange bevor er den Mund zuklappt.
Das Bahnhofscafé besteht aus pflegeleichtem Plastik und wenigen Gästen. Ich erkenne Rosi auf Anhieb. Obwohl ich noch unter Sehstörungen leide, ist es nicht schwer, sie zu erkennen. Sie trägt immer noch die gleiche Katastrophenuniform und die gleichen Pickel. Für die Pickel lege ich nicht die Hand ins Feuer – die mögen auch neu sein. Rosi ihrerseits fängt mit meiner Erscheinung zunächst nichts an. Wahrscheinlich habe ich mich in den letzten Stunden erheblich verändert. Ich setze mich zu ihr und bestelle lauwarmes Soda und Aspirinkuchen. Als sie das hört, zündet bei ihr der Funke.
„Der Wüstling", konstatiert sie kühl. „Ganz unverkennbar." Sie schüttelt erstaunt den Kopf. „Sind wirklich nur drei Wochen vergangen oder sind Sie der zehn Jahre ältere Zwillingsbruder?"
Sie hat recht, wenn sie sich wundert. Ich muss was für meine Gesundheit tun.
Ich esse den Kuchen und spüle mit Soda nach. Dann verlange ich zehn Salzheringe im Ganzen, um die Magenwände

auszupolstern, verdichte sie mit einem großen Glas Olivenöl und gieße zentimeterhoch Schnaps ins Fundament.
Das hilft! Jeder, der dieses Rezept einmal überlebt hat, schwört darauf. Nach der Kur ist man ein neuer Mensch – jedenfalls ein anderer.
Rosi starrt mich sprachlos an. Ich bin ihr dankbar. Sie hat mich aus Theos Fängen befreit und mir meine Lebenskraft wiedergegeben.
Weil ich doch noch ein klein wenig groggy bin, komme ich auf die Idee, dass jetzt ich etwas für sie tun müsste. Das mache ich.
Eine Stunde später ist sie wie verwandelt. Kein Pickel weit und breit, kein rostiges Ofenrohr als Hose, von Kopf bis Fuß runderneuert.
Zuerst wollte sie nicht, aber auf dem Fließband im Schönheitszentrum gab sie sich geschlagen.
Nun kommen auch ihre braunen Waldteichaugen richtig zur Geltung. Auf ihre Art sind sie um nichts schlechter als die blauen Kristallgewittertempel des Unschuldsengels, und das heißt etwas!
Wieder auf der Straße winkt sie einem bummelnden Ehepaar zu. Die beiden betrachten sie erstaunt und gehen kopfschüttelnd weiter. Es sind ihre Eltern. Sie haben Rosi nicht wiedererkannt. Das deprimiert sie zunächst, dann prüft sie sich in einem Spiegel und vergisst sofort ihren Kummer, denn jetzt wird sie ihre üblen Fantasien endlich ausleben können.
Ich verspreche, Sie gelegentlich dabei zu unterstützen, und will mich verabschieden, da packt sie meinen Arm und sagt: „Jetzt muss ich aber wirklich mit dir reden!"
Nun fällt es auch mir wieder ein. Die delikate Angelegenheit. Die habe ich glatt vergessen. Als ich die neue Rosi genauer ansehe, wird mir klar, dass ich es eigentlich nicht eilig habe. Außerdem ist es Zeit, etwas Vernünftiges zu essen.
Aspirinkuchen und Salzheringe halten nicht lange vor. Also sitzen wir bald in einer Nische und sie erzählt mir zur

Vorspeise ihre Geschichte.
Kurz darauf weiß ich nicht mehr, wo mir der Kopf steht!
So hat Rosi begonnen:
„Es stimmt doch, Jingle, dass Vic Melloni gesucht wird? Ich habe es in der Zeitung gelesen."
Ich bekomme ein schlechtes Gewissen, weil ich mich darum noch nicht gekümmert habe. Sie fährt fort.
„Wegen des Mordes an Sam Sugo, den er am Neunten begangen haben soll?"
Ich weiß wirklich nicht, worauf sie hinauswill, stimme aber zu. Sie schaut mich reizend braunäugig-verwirrt an.
„Er kann es nicht getan haben. Er war den ganzen Nachmittag und sogar die Nacht über bei Isabel."
Sie errötet sanft.
„Sie hatte sich in ihn verliebt, obwohl er doch mit der Mauerblüm zusammen war. Deshalb war sie bei deinem ersten Besuch auch so betrunken, das hat sie mir später verraten. An jenem Abend war ich bis gegen zehn bei ihnen. Danach hätte ich gestört."
Genau in diesem Augenblick weiß ich nicht mehr, wo mir der Kopf steht. Wenn sich Rosi nicht im Datum irrt – darauf beharrt sie –, dann besitzt Melloni ein einwandfreies Alibi für die Tatzeit. Weshalb zum Teufel beruft sich die Bohnenstange nicht darauf?
Warum hat sie Isabel sogar eingeschärft, darüber unbedingt zu schweigen?
„Ich begreife es nicht", spricht mir die Kleine aus dem Herzen. „Ich habe versprochen, nicht zur Polizei zu gehen, aber von dir war nicht die Rede. Isabel deutete an, du würdest für Vic arbeiten. Kannst du mir sagen, was los ist? Ich mache mir Sorgen um Isabel. Etwas stimmt nicht, glaube ich."
Das ist mir auch klar, Herrschaften! Theo hätte ich für eine überzeugende Erklärung hingegeben, ohne Zögern.
Ich sehe weit und breit keinen vernünftigen Grund, warum Rosi mich anlügen sollte. Sie ist vielleicht beunruhigt, aber sie lügt nicht. Der Bohnenstange traue ich hingegen allerhand zu.

Aber was zum Kuckuck bezweckt sie damit?
Ich werde das ungemütliche Gefühl nicht los, dass jemand ein faules Spielchen auf meine Kosten ausheckt – und ich wäre alles andere als überrascht, wenn gerade die Bohnenstange dahinterstecken würde. Deshalb erledigt sich auch mein schlechtes Gewissen von vorhin wie von selbst. Nach dem Essen schieben wir Isabels delikate Angelegenheit beiseite und wenden uns anderen Dingen zu. Rosi ist furchtbar neugierig. Wir beschäftigen uns den ganzen Nachmittag mit ihrer Fantasie. Als ich wieder ins Büro komme, ist Theo bereits gegangen. Der Tag mausert sich.
Ich sitze eine Weile herum und warte gespannt auf einen Anruf meines Klienten. Er bleibt aus. Ich schalte die Abendnachrichten ein.
Gleich bei der ersten Meldung spitze ich die Ohren.
„Fred Sugo", brabbelt der Sprecher, „der Sohn des unter tragischen und ungeklärten Umständen ermordeten Ehepaars Sam und Sally Sugo, erlitt heute einen schweren Verkehrsunfall. Der junge Mann, Haupterbe der Sugo-Werke, wurde von einem Unbekannten angefahren, als er aus seinem Wagen stieg. Der Unfalllenker beging Fahrerflucht. Die Ärzte beurteilen die Verletzungen Sugos als schwer, aber nicht lebensgefährlich. Ein Zusammenhang zwischen dem Unfall und den beiden Morden wird von der Polizei nicht ausgeschlossen. Konkrete Angaben versagt sich die Behörde. Und das nicht erst seit heute, wie Sie wissen. Physik: Professor Somnambul hat errechnet, dass der Mond in einigen Millionen Jahren auf die Erde stürzen wird. Der Bürgermeister bittet die Bevölkerung, Ruhe zu bewahren …"
Ich weiß nicht, was mich dazu bewegt, ins Krankenhaus zu fahren. Vielleicht mein blendender Instinkt. Hoffentlich. Die Schwester am Empfang trägt eine Himmelfahrtsnase, alle anderen Tendenzen sind fallend. Sie wirft mir einen scharfen Blick zu, als ich nach Freddy Sugo frage, dann wird der Blick lauernd – das steht ihr ohne Zweifel besser – und sie nennt die Zimmernummer.

Ich bin nicht überrascht, dass mich vor dem Zimmer zwei Uniformierte mit riesigen Kanonen in den Händen erwarten. Die Bullen wollen keine ausgerottete Familie Sugo, deshalb die Bewachung, deshalb hat Schwester Himmelfahrt mich angekündigt.
Ich kenne einen der Uniformierten. Ich kenne fast alle, das gehört zu den Nachteilen meines Berufs.
„Wie geht es dem Kleinen?", frage ich ihn. „Kommt er durch?"
Er kapiert zunächst nicht, ob ich nun seinen schwachsinnigen Sohn in der Schule meine oder den Patienten, aber das klärt sich bald auf.
„Drei Finger gebrochen und ein paar Abschürfungen", brummt er. „Und ein mittlerer Schock."
„Darf ich rein?"
Die Polypen schauen sich unschlüssig an. Diese Art von Sichanschauen kann lange dauern. Ich zücke mein Handy, wähle keine Nummer, fange aber zu reden an.
„Geben Sie mir den Kiosk", fordere ich und warte kurz.
„Zimmer 385. Schicken Sie sechs Flaschen Bier und sechs Paar heiße Würstchen herauf. Und was so dazugehört, natürlich. Für die Bewacher von Freddy Sugo. Ich zahle dann unten."
Die beiden Polypen müssen den Kopf nach hinten beugen, weil ihnen das Wasser bis an die Oberlippe steht. Der eine, den ich noch nicht kenne, hält mir sogar die Tür auf. Ich trete ein.
Freddy Sugo ist bis zum Hals eingewickelt. Seine Gesichtsfarbe hebt sich kaum von der Bettwäsche ab und die ist ausnahmsweise frisch. Die Schnabelnase scheint noch stärker gebogen, die Lippen sind blutleer. Nur die wasserhellen Augen glänzen. Er erkennt mich.
„Wie geht's?", erkundige ich mich.
Wahrscheinlich hat er seit Stunden kein Wort gesprochen. Als er es jetzt versucht, kommt seine Antwort nicht über ein unverständliches Krächzen hinaus.

Ich starre ihn an, das Gesicht, die Augen – und plötzlich fällt mir ein, an wen er mich schon bei unserer ersten Begegnung erinnert hat. Gleichzeitig geht mir ein Licht auf! Ein ganzes Glühbirnenlager, ein Sternenhimmel!
Ich rase hinaus, ohne zu vergessen, den Polypen guten Appetit zu wünschen, und bremse erst neben dem Empfang. Diesmal wähle ich wirklich. Es dauert lange. Endlich meldet sich mein Partner.
„Reiß dich von der Gesellschaft los!", schnauze ich. „Denk an dein Verfolgungsrennen mit der Dauerwurst. Wie lange hattest du sie damals verloren?"
„Was ...", setzt Theo an.
„Antworte! Dann darfst du weiterturnen."
Mittlerweile weiß jeder, dass Theo fixiert ist. Die Empfangsschwester weiß es jetzt auch. Sie erglüht so stark, dass ich einen Schritt zurückweichen muss, um mir keine Brandblase zu holen.
„20 Minuten", sagt mein Partner. „Höchstens eine halbe Stunde."
Das reicht mir, ich könnte auflegen. Nur damit die Schwester nicht enttäuscht wird, füge ich hinzu: „Richte deiner Gesellschaft schöne Grüße aus. Von mir aus auf deine persönliche Art."
Es gibt einen leisen Knall – Schwester Himmelfahrt ist durchgebrannt. Aus ihrer Nase steigen kleine Rauchwölkchen, es riecht nach verschmortem Gummi. Leider kann ich ihr nicht helfen, aber ich lasse sie ja in einem Krankenhaus zurück.

Das Massengrab hat Hunger

Erneut schalte ich den Geheimturbo ein und treibe den Käfer Funken sprühend durch die Stadt. Ich habe es eilig, von einer bestimmten Person ein paar Antworten zu erhalten. Noch weiß ich nicht, wie aufschlussreich diese Antworten sein werden, aber ich spüre es bis in den kleinen Finger, dass meine Fragen etwas bewegen werden.
Die Straßenbeleuchtung ist längst eingeschaltet, die Straßen sind halb leer. Je weiter ich komme, desto leerer werden sie. Ich zische an den Sugo-Werken vorbei ins freie Land. Eine einsame Oma, die mich sieht, alarmiert die Luftwaffe, weil sie glaubt, mein Oldtimer wäre ein UFO.
Die Düsenjets geben die Verfolgung bald auf, sie merken, sie haben keine Chance.
Ich bremse ab und biege vorsichtig in die vierspurige Autobahn, die zur amputierten Pagode des Greifenkopfs führt. Bei Tag beleuchtet er die Straße mit Flutlicht, in der Nacht schaltet er es ab. Das verstehe, wer will.
Ich parke den Käfer hinter einer der Reklametafeln, die seine private Schnellstraße noch echter aussehen lassen, und setze meinen Weg zu Fuß fort. Zuvor versorge ich mich aus dem Geheimarsenal meines Wagens mit leichter Artillerie. Ich habe nicht vergessen, dass mich der Major schon einmal als Bande für seine Zielübungen missbraucht hat.
Hier draußen ist es sehr dunkel. Ich komme nur langsam voran und lege mir dabei meine Fragen an den Greifenkopf zurecht. Es sind drei. Auf zwei davon glaube ich die Antwort zu kennen, deshalb bin ich hier.
Nämlich: Freddy Sugo ist Ihr leiblicher Sohn? Ja. Und: Hat Sally Sie an dem Tag, als sie ermordet wurde, besucht? Ja. Die dritte Frage lautet: Warum war sie hier? Von deren Beantwortung kann eine Menge abhängen.
In der Zwischenzeit bin ich der amputierten Pagode ganz nahe gekommen. Dunkel ragt sie in den Nachthimmel. Kein erleuchtetes Fenster, kein Licht auf der Veranda, nicht einmal

eine Sturmlaterne im Eichenwäldchen, das hoch ober mir leise rauscht.
Das ganze Anwesen liegt wie verlassen da. So spät ist es gar nicht. Möglich, dass der Greifenkopf seinen Horst zugesperrt hat und ausgegangen ist.
Ich gehe bis dicht an die Veranda und umrunde die Pagode einmal – nichts. Im Eichenwald schreit ein Käuzchen. Die Käuzchenrufe und das ferne Grollen der Lastzüge auf der Landstraße sind die einzigen Geräusche in der nächtlichen Stille.
Ich setze mich auf die Veranda und überlege. Alles deutet darauf hin, dass der Major tatsächlich nicht hier ist. Scheinbar bin ich das einzige menschliche Wesen weit und breit, doch aus irgendeinem Grund spüre ich ein seltsames Gefühl in der Magengrube. Das hat nichts mit der Pagode zu tun, an der ist nichts Besonderes – eben eine riesige, verrückte Villa in der Nacht.
Das seltsame Gefühl beharrt darauf: Etwas stimmt nicht. Es liegt was in der Luft. Nun könnte ich ruhig nach Hause fahren und morgen wiederkommen oder Butta einen Hinweis geben. Ich tue es nicht. Ich will selbst herausfinden, was los ist. Ich stehe auf und taste mich an der Mauer entlang, bis ich das Fenster des Arbeitszimmers erreiche. Arbeitszimmer nenne ich es, weil der Major von hier aus seine Kugeln versendet und das die Arbeit eines alten Soldaten ist.
Ich drücke gegen den Fensterrahmen, um zu erfahren, wie er gesichert ist. Der leichte Druck genügt – das Fenster schwingt nach innen.
Der Major muss sich sehr unangreifbar fühlen, wenn er seine Fenster nicht einmal nachts verriegelt. Das seltsame Gefühl im Magen verstärkt sich. Ich bleibe regungslos stehen und horche in den stockdunklen Raum hinein.
Eine Uhr tickt. Ich erinnere mich. Es ist eine große, hölzerne Standuhr. Ein achtköpfiger Ameisentrupp nützt meine erstarrte Lage und rückt unter meinem Hosenbein vor. In der Kniekehle rasten und jausnen die Burschen. Die Abfälle

werfen sie weg. Das nehme ich ihnen übel. Ich mache eine Gänsehaut. Drei von den Kerlen spieße ich so auf der Stelle auf, die anderen flüchten Hals über Kopf.
Ich warte noch ein paar Minuten, dann handle ich. Wie ich handle, ist schwer zu beschreiben. Wie beschreibt man etwas Lautloses, Unsichtbares, das in einer dunklen Nacht elegant durch ein Fenster gleitet? Das bin ich.
Das seltsame Gefühl hat recht behalten. Ich bin nicht glücklich darüber, ich bin übertölpelt worden wie ein blutiger Anfänger. Ich weiß nicht, wie sie es bewerkstelligt haben, wahrscheinlich durch einen Druckkontakt im Fensterbrett. Wie auch immer – ich stehe blinzelnd auf einem Präsentierteller in blendend helles Licht getaucht, und sie stehen wenige Schritte vor mir und freuen sich über ihren Fang. Das zuckende Lid des Majors tanzt einen Freudentanz. Den Mann neben ihm erkenne ich auf Anhieb, obwohl ich bisher nur mit seiner Rückseite zu tun gehabt habe. Es ist der grauhaarige Rücken! Der grauhaarige Rücken, dem ich zwei Beulen, einen Tod im Konfettiregen und eine zerkleinerte Heckscheibe verdanke. Zu jedem anderen Zeitpunkt hätte ich mich über die Begegnung gefreut, und wie! Jetzt ist meine Freude gedämpft durch die Kanonen, die sie in den Händen halten, und mehr noch durch ihren Gesichtsausdruck.
Im Fall des grauhaarigen Rückens muss ich das erläutern. Er hat nämlich kein Gesicht im herkömmlichen Sinn. Er besteht aus einem Körper mit einer Wüste obenauf. Die Wüste ist sein Gesicht!
Bestimmt war er auch Soldat und die Offiziere benützten seine Visage für ihre Sandkastenspiele. Ein Auge fehlt ihm. Wahrscheinlich hat ein Vorgesetzter dort einmal ein Fähnchen gepflanzt. Eine fleckige, gesprungene Glaskugel sitzt nun in der Höhle. Gemessen am Rest der Wüste ist sie ein Schmuckstück! Sicher ist der Rücken stolz darauf. Eine Frau verliebte sich ohne Zweifel eher in dieses Glasauge als in das andere. Das andere erinnert zu sehr an ein halb gefülltes Massengrab. Eine Ahnung sagt mir, dass auch der Anblick

meiner Leiche noch bequem darin Platz finden würde.
Sie halten ihre Kanonen wie kleine Lieblinge, die gleich mit mir spielen dürfen. Das Glasauge in der Wüste strahlt warme Vorfreude aus. Alles deutet auf mein baldiges Ableben hin. Doch ein Rest Neugierde hat sich erhalten. Ich sage: „Guten Abend, Kameraden. Eigentlich wollte ich einen Überraschungsbesuch machen, aber das hat leider nicht geklappt. Macht es euch was aus, mir zu verraten, wer mich angemeldet hat?"
Der Greifenkopf kichert.
„Sag du es ihm, Spieß."
Spieß, also doch ein Veteran wie der Greif. In der Wüste öffnet sich eine hässliche Spalte.
„Du selbst, Schnüffler. Der Sender, der unter deiner Spielzeugbüchse klebt. Ich werde ihn dann wegnehmen."
Die Antwort klingt nicht beruhigend. Immerhin weiß ich, wie er mich mit seiner Harakiri auf der Landstraße gefunden hat. Ich denke an Sam Sugo und die Dauerwurst und will weiterfragen, da alarmiert mich eine Veränderung in der Wüste. Das Auge des Spieß' leuchtet auf. Es ist kein Zweifel möglich, das Massengrab hat Hunger!
Doch ich mag nicht als Wüstenspeise enden. Ich lasse mein linkes Knie einknicken und werfe mich zur Seite. Dabei fasse ich meine Kanone und ziehe sie aus der Tasche. Viel zu schnell spuckt die Mündung vor mir Feuer. Hinter mir zerspringt Glas. Die erste Kugel des Grauhaarigen hat mich verfehlt. Es dauert endlos lange, bis ich ihn ins Visier bekomme. Die Mündung hat mich in der Zwischenzeit eingeholt. Ich drücke zweimal ab. Mehr kann ich nicht tun. Auch aus der Mündung spuckt wieder Feuer. Ein Büschel Haare auf meinem Hinterkopf fällt wie reifes Heu unter der Sense. Er hat mich ein zweites Mal verfehlt. Ich glaube, diesmal liegt es an den Ölquellen, die munter in der Wüste sprudeln. Quellen, die ich erschlossen habe. Die Wüste lebt nicht mehr. Der Major ist viel zu langsam. Er hat keine Chance mitzuspielen und merkt es noch rechtzeitig. Seine

Hand entspannt sich und löst sich vom Kolben. Die Kanone schlägt hart auf und feuert aus Protest. Ihre Kugel trifft den Kuckuck der Standuhr. Er stirbt mit Würde. Der grauhaarige Rücken ist nach hinten gesunken. Das Massengrab in der Wüste ist jetzt ein gewöhnliches totes Auge, lieblicher anzusehen als je in seinem Leben. Über die fleckige Glaskugel rinnt Blut. Wahrscheinlich wird sie einen Platz in Buttas Raritätenecke finden. Er sammelt Andenken an alle Fälle, mit denen er zu tun hat.
Bei all der Knallerei fällt mir der Alte ein, der bei meinem ersten Besuch den Heuwagen Louis' XIV. poliert hat. Immerhin gehört er zum Haushalt – ich wäre ziemlich überrascht, Leute, wenn er nicht in jedem Stiefel ein Maschinengewehr herumschleppen würde. Deshalb klemme ich mich schnell mit dem Rücken an eine Wand und frage den Major, wo sich der Bursche herumtreibt.
Der Greifenkopf kichert schon wieder. Es ist ein Kichern wie Eisstückchen, die einem langsam über den Rücken rutschen. „Wollen Sie ihn besuchen?", kichert er. „Er hängt im Stall."
Ich sehe das düstere Feuer, das in seinen Augen flackert, und werde den Verdacht nicht los, dass in diesem Vögelchen einiges in Unordnung geraten ist. Dabei hat Theo nur einmal mit ihm geredet. Ich bleibe jedenfalls mit dem Rücken an der Wand. Vor mir die tote Wüste und ein undichter Greifenkopf. Der setzt sich in aller Ruhe auf seinen lederbezogenen Armsessel und betrachtet mich halb verärgert, halb neugierig. Sein Lid ist aus dem Takt geraten und mischt wahllos alle Tänze, die es kennt. Hoffentlich gelingt es mir, aus dem angeknacksten Major noch etwas Vernünftiges herauszuholen. Butta mag es nicht, wenn ich grundlos bei ihm Leichen abliefere. Meine eigene Haut retten, das zählt für ihn nicht als Grund. Das nimmt er mir eher übel.
„Was wollte Sally von Ihnen?", beginne ich. „Doch nicht eine alte Liebe aufwärmen?"
Das Gesicht des Majors verdüstert sich. Den rechten Fuß hat er auf einem Knie der toten Wüste abgestützt. Eine Weile

blickt er mich finster an, dann sagt er: „Quatsch. Sie wissen es. Das dumme Weib hat Sie ja selbst geschickt."
Ich glaube, ich höre nicht recht.
„Wer hat mich geschickt?"
„Sally Sugo", krächzt seine Vogelstimme.
Ich habe doch recht gehört. Aber ich verstehe nicht, was dahintersteckt.
„Weshalb sollte sie das tun?", erkundige ich mich.
„Quatsch!", brummt er gelangweilt.
„Wegen Freddy?", rate ich. Der Greifenkopf schaut noch finsterer. Wütend stößt er gegen das tote Knie.
„Versager! Dummer Versager! Kann mit Handgranaten so wenig umgehen wie mit dem Wagen. Dem jungen Teufel ist kaum was passiert. Habe es in den Nachrichten gehört!"
„Der Rücken hat ihn also angefahren? Warum eigentlich?"
Er sieht tief in sich hinein.
„An allem ist das Testament schuld. Und Vater. Der hat es geschrieben, weil er selbst so lange warten musste. Aber was soll der junge Teufel damit anfangen mit 21 Jahren? Dient noch nicht einmal."
Ich fange an zu verstehen.
„Das Testament bestimmt, dass Ihr Vermögen bald an Freddy übergeht, ist es das?"
Er nickt ärgerlich.
„Deshalb hat sie Sie ja geschickt, nur wegen des Testaments. Fauler Trick, die Geschichte mit dem Umweltschutz. Der Spieß hat Sie gewarnt, Sie wollten aber nicht hören. Sally wollte auch nicht hören. Da blieb mir nichts anderes übrig."
Er summt vor sich hin und tritt im Takt gegen das Knie der toten Wüste.
„Sie wollte nicht hören, als sie hier war, und darum sind Sie ihr später gefolgt und haben sie umgelegt?"
Ich rede hastig, denn ich vermute, der Geist des Majors löst sich nun immer rascher auf, und ich will möglichst viel aus der Konkursmasse bergen. Vielleicht ist die letzte Schießerei zu viel für ihn gewesen, oder die Erkenntnis seiner

Niederlage. Er schüttelt den Kopf, obgleich er mir zustimmt.
„Zuerst habe ich sie herbestellt, da wollte sie nicht hören. Am Abend versuchte ich noch einmal, sie zu überreden. Sie war stur, hat alles abgestritten. Hat mich einen alten Narren genannt!"
Bei der Erinnerung daran wird er gleich wieder lebendiger, der Greif.
„Das hätte sie nicht tun sollen", sagt er, schüttelt weiter den Kopf und fragt verwundert: „Woher wusste sie von dem Testament? Kein Mensch konnte davon wissen. Es gibt nur ein Exemplar und das habe ich vor Jahrzehnten weggesperrt."
Der Major schreitet zügig voran auf dem Weg in die Gummizelle. Trotzdem kann ich mir nicht verkneifen zu sagen: „Sie wusste nichts davon. Niemand wusste es."
Er grinst überheblich und zwinkert mir zu. Ich soll merken, dass er mir kein Wort glaubt.
„Was hat Sam Sugo denn damit zu tun gehabt?", fahre ich fort. Doch Sam Sugo interessiert ihn offensichtlich nicht. Er zuckt die Achseln und betrachtet aufmerksam die tote Wüste. Plötzlich beginnt er laut zu pfeifen. Er pfeift sich selbst einen Marsch, steht mit einem Ruck auf und geht zackig hinaus. Mich und meine Kanone beachtet er überhaupt nicht. Ich bin momentan so überrascht, dass ich nicht gleich reagiere und damit einige Sekunden verliere. Ein kleiner Verlust für einen großen Gewinn!
Denn kaum ist der Major im dunklen Viereck der Tür verschwunden, kracht es ohrenbetäubend im Flur. Der Greifenkopf kommt zurück, aber er wird die Nacht nicht in einer Gummizelle verbringen. Er kommt mit viel Schwung und in mehreren Teilen.
Als er diese über den guten Teppich breitet, ist längst alles Leben aus ihnen gewichen. Ein Teil des gehackten Schrotts, der ihn so zugerichtet hat, zerfetzt noch ein Stück Vorhang und ein Stück Fensterrahmen.
Ich bin dem Major sehr dankbar für seinen abrupten Abgang. Bestimmt wäre ich ihm sonst schneller gefolgt, und das hätte

mir nicht gutgetan, keine Frage.
Doch jetzt bin ich vor allem gespannt, wer da losgeballert hat und warum er sich den Major zum Ziel erwählt hat und nicht mich.
Ich bin neugierig, aber nicht lebensmüde. Ich stehe mit der Kanone in der Hand an die Wand neben der Türöffnung gepresst und warte. Ich warte mehrere Minuten und atme mit offenem Mund, aber ich höre absolut nichts. Da taste ich mit der Linken nach einem Aschenbecher, der in meiner Reichweite abgestellt ist, und werfe ihn in den Flur. Er macht eine Menge Lärm beim Zerbrechen, das ist alles.
Entweder hat der Kerl im Vorraum stählerne Nerven oder er ist längst verschwunden. Ich fische meine kleine Taschenlampe heraus und riskiere einen Blick.
Der Flur ist leer bis auf ein schweres Holzstativ, auf das eine Donnerbüchse mit dem Kaliber einer Panzerabwehrkanone montiert ist. Ich verfolge den Faden, der sich von ihrem Abzug über Ösen quer zum Gang spannt. Der Greifenkopf ist in seine eigene Falle gelaufen! Eine kleine Überraschung für Eindringlinge, die er nicht persönlich empfangen konnte. Hat er nicht mehr daran gedacht oder es sogar absichtlich getan? Etwa nach dem Motto: ehrenvolles Ende einer verlorenen Schlacht? Möglich.
Per Handy verständige ich meinen Lieblingspolypen. Dann gönne ich mir einen vier- oder fünfstöckigen Drink aus dem Vorrat des Hauses und muss ordentlich aufpassen, damit ich nicht auf dem Major ausrutsche.
Anschließend bahne ich mir im Schein der Taschenlampe den Weg zu den Wirtschaftsgebäuden. In der Mitte einer großen Scheune schaukelt tatsächlich der Wagenputzer. Er hat wenig Freude daran, das Schaukelseil ist um seinen Hals befestigt. Wahrscheinlich hatte er das Pech, den Major zum Tatort zu chauffieren – dann knüpften ihn die Kameraden auf, damit er dem Mörder von Sally Sugo nicht gefährlich werden konnte.
Auf der Veranda der amputierten Pagode erwarte ich die Polypen-Armada. Sie kommen in Kompaniestärke – wie

üblich, wenn die eigentliche Arbeit erledigt ist. Routinemäßig umstellen sie Haus, Scheune und drei oder vier der kleineren Felder.
Zwei von den Typen, die einander nicht kennen, legen sich gegenseitig um. Das ist bei Großeinsätzen normal und regt niemanden auf. Ein übereifriger verhaftet eine Kuh. Die Kuh ist männlich und treibt ein Dutzend Greifer vor sich her in die unergründliche Nacht. Acht davon kehren später zurück.
Butta betrachtet die Aktionen seiner Truppe und wischt sich verstohlen eine Träne aus dem Auge. Er hat gar nicht so gute Nerven, wie er immer glauben machen will, der sensible Chefplattfuß.
„Spuck eine ordentliche, saubere Geschichte aus!", fährt er mich bald darauf an. „Sonst sorge ich dafür, dass du einige Jahre lang über nichts anderes nachzudenken hast."
„Du brauchst dich nicht zu bedanken, nur weil ich deine Fälle löse", erwidere ich. „Einer muss es ja tun."
Dann erkläre ich ihm, weshalb es zu dieser Veranstaltung gekommen ist.
„Du hättest Freddy Sugo sehen sollen", beginne ich. „In seinem jetzigen mitgenommenen Zustand. Das reinste Abziehbild vom Greifenkopf. Wenn du dir den Major 20 Jahre jünger vorstellst, die Veranlagung der Dauerwurst berücksichtigst und daran denkst, dass die Sugo-Werke und der Greifengrund aneinandergrenzen, kannst du haarscharf ausrechnen, dass Freddys Vater nicht Sugo geheißen hat. Dieser Geistesblitz hat mich direkt zur Lösung eines offenen Rätsels geführt. Wie du weißt, verfolgte mein Partner die Dauerwurst, verlor sie dabei aber eine halbe Stunde aus den Augen. Vor den Sugo-Werken gabelte er sie wieder auf. Wir nahmen an, dass sie sich die ganze Zeit dort aufgehalten habe. Bis mir der Portier erzählte, sie habe nur einige Worte mit ihm gewechselt und wäre sofort weitergebraust. Sie muss die halbe Stunde also woanders verbracht haben, nicht weit von den Sugo-Werken entfernt. Nun erfahre ich, dass ihr Exgeliebter und Vater ihres Sohnes der Major Greifenkopf ist, der ganz in

der Nähe wohnt ..."
Ich setze dem Polypen auseinander, was sich daraufhin heute in der amputierten Pagode abgespielt hat.
„Der Major hat Sally Sugo umgebracht?", vergewissert er sich.
„Er hat es mir selbst gesagt. Das Attentat auf seinen Sohn geht auch auf sein Konto. Er wollte das Übel an der Wurzel packen. Dabei hat er sich den Anschlag auf sein Vermögen nur eingebildet. Weder die Dauerwurst noch Freddy wussten von der Testamentsklausel, aber der Major war überzeugt davon, dass sie mich damit beauftragt hätten, Freddys Erbe einzutreiben."
Der Polyp funkelt mich grimmig an.
„Wenn ich recht verstehe, warst du also das auslösende Moment für das Missverständnis des Majors und dessen mörderische Folgen, weil du hier herumgeschnüffelt hast."
Typisch für Butta, es so zu verdrehen.
„Die fixe Idee war schon im Greifenkopf verankert", protestiere ich. „Er hatte längst Sand im Getriebe."
„Der andere Kerl hat dich sogar gewarnt?", fragt er unbeeindruckt.
Das mit der Warnung war mir leider herausgerutscht.
„Mit einem Zettel in einer Jux-Handgranate. Ich verstand die Botschaft falsch und bezog sie auf die Sabotageaffäre."
„Natürlich", sagt der fette Bulle trocken. „Ein Jammer, dass der Typ seine Drohung nicht wahr gemacht hat."
Ich hüte mich, auch noch den fliegenden Lederaffen ins Spiel zu bringen. Drei Leichen an einem Abend, von mir serviert, sind für Butta genug.
Nach langem Hin und Her muss er zugeben, dass meine Geschichte nicht schlecht klingt. Der Mord an der Dauerwurst und dem Wagenputzer sowie der Mordversuch an der Schnabelnase sind geklärt – leider mit dem Schönheitsfehler, dass die Täter sich dazu nicht äußern können.
Dann gibt es da noch einen Punkt.
„Wer zum Teufel, du verdammter Schlaukopf", erkundigt sich

der Polyp mit den miesen Manieren, „hat nun eigentlich Sam Sugo in den Tank gekippt?"
Eine beinahe intelligente Frage. Bei aller Verrücktheit des Greifenkopfs hat er doch aus seiner Sicht immer folgerichtig gehandelt, und Sam Sugo stellte für ihn keine Gefahr dar.
Ich zucke nur die Achseln.
Es ist mein Pech, dass ich für Sammys schwefelsaures Ende keine Erklärung habe, Butta aber schon erfahren hat, dass Vic Melloni, den er wie eine Stecknadel sucht, mein neuer Klient ist. Deshalb löchert er mich weiter mit seinen Fragen und lässt mich nicht gehen.
Die Polypen drehen unterdessen die Pagode und einige Hektar Land um. Dem Arzt fehlen verschiedene Teile des Majors.
Ein Polypenhund namens Hasso gerät in Verdacht und wehrt sich mit Bissen.
Aus ungeklärten Gründen geht die Scheune in Flammen auf.
Ein Uniformierter entdeckt eine weitere Falle des Majors.
Andere hören den Knall und entdecken den Uniformierten.
Eine Hundertschaft tapferer Reporter kompliziert die Untersuchung noch.
Der Einsatz dauert bis in die frühen Morgenstunden, die Verluste sind erheblich. Zuletzt ist Butta so zermürbt, dass er meinen Anblick nicht länger ertragen kann. Die Zigarren sind ihm auch ausgegangen. Das trifft sich gut, ich bin müde.
Kurz vor Sonnenaufgang sinke ich ins Bett. Ich schlafe augenblicklich ein und träume von einem herrlichen Murmelspiel mit gesprungenen Glasaugen, das ich haushoch gewinne.

Ende ungebremst

Als ich gegen zehn ins Büro komme, finde ich Theo über einem dicken Stoß Zeitungen – das heißt, ich finde ihn hinter dem Stoß, zuerst habe ich gar nicht bemerkt, dass er hier ist. Zwischen Hechelblatt und Gerüchtepost, Klatschbote und Schwätzerexpress hockt mein Partner und schneidet mit einer rostigen Schere alle Artikel aus, die sich auf den nächtlichen Trubel rund um die amputierte Pagode beziehen.
Er blickt nicht auf, als ich eintrete. Das sieht ihm gar nicht ähnlich, es gefällt mir.
Ich setze mich hinter meinen Schreibtisch und beginne ebenfalls zu lesen. Butta und seine Truppe kommen in den Kommentaren nicht gut weg, ich habe sie teilweise selbst diktiert.
Ein unangenehmes Geräusch dringt an mein Ohr. Ich achte nicht darauf. Es wiederholt sich. Zuerst fürchte ich, der Kühlschrank gäbe seinen Geist auf. Doch der Kühlschrank ist es nicht. Eine Weile tappe ich ganz im Dunkeln, dann werfe ich einen Blick zu Theo. Wieder das unangenehme Geräusch – mein Partner räuspert sich. Ich verstehe; er will etwas sagen, aber nicht von sich aus beginnen, sondern angesprochen werden.
Ich wende mich rasch ab, tue, als ob ich nichts gemerkt hätte, und versenke mich wieder in die Tagespresse.
Bald darauf fängt er an zu hüsteln. Ein künstlicheres Hüsteln kann man sich nicht vorstellen. Ich ertrage es fünf Minuten lang, dann beschließe ich, spazieren zu gehen. Ich stehe auf – prompt rückt er mit der Sprache heraus.
„Gut hast du das gemacht", sagt er. „Wirklich gut."
Ich sage nichts. Komplimente von Theo sind eine zweischneidige Sache.
„Alle Blätter heben deine Rolle hervor. Das ist erstklassige Werbung."
Ich nicke zurückhaltend. Worauf will er hinaus?
Mein Kompagnon schweigt und sieht mich seltsam

verschwommen an. Und dann bricht er aus wie ein Vulkan, ein bitter gekränkter Vulkan!
„Von mir nimmt keiner Notiz", stammelt er am ganzen Körper bebend. „Sogar wenn von der Detektei die Rede ist, kommt mein Name nicht vor!"
Das stimmt. Ich habe sorgfältig vermieden, ihn zu erwähnen. Theo schäumt weiter.
„Was für ein Partner bist du! Ein Wort und ich wäre dir zu Hilfe gekommen. Immerhin arbeiten wir zusammen und ..."
Die geballte Wucht seiner Empörung droht ihn zu ersticken. Ich beobachte es mit Interesse. Schließlich wird aus dem inneren Überdruck lediglich ein heftiger Schluckauf. Von mir aus gesehen hopst der kleine Kopf mit dem großen Hut wie ein entstellter Tennisball auf dem Zeitungsstapel. Ein grandioser Anblick.
Doch ich beginne zu überlegen. Vielleicht hat er recht, überlege ich. Ich male mir aus, wie Theo in die amputierte Pagode einsteigt, sich der Wüste und dem Greifenkopf gegenübersieht und ich die Vorstellung von draußen mitverfolge.
Ja, denke ich, vielleicht hat er wirklich recht.
„Tut mir leid", sage ich aufrichtig, „es ging zu rasch. Bei der nächstbesten Gelegenheit bist du dabei, klar?"
Theos dumpfe Hundeaugen starren mich misstrauisch an, verwundert, füllen sich mit Rührung in Form von Wasser und Likör. Ich habe fast ein schlechtes Gewissen, weil ich mir die Szene mit ihm in der amputierten Pagode so schön ausgemalt habe, so bildhaft. Dann betrachte ich meinen Partner noch einmal ganz genau. Das beruhigt mich wieder.
Aus diesen festgefahrenen Situationen mit Theo pflegt mich üblicherweise das Handy zu retten. Diesmal lässt es sich verdammt viel Zeit, doch endlich ist es so weit.
Unser Klient meldet sich! Die würdige Bohnenstange, die ich über dem gestrigen Leichenanfall beinahe vergessen habe.
Nur beinahe, dafür hat Butta gesorgt.
„Tag J. B.", sagt er. „Ich habe nicht gewusst, wie verrückt der

Major ist. Schreiben die Zeitungen die Wahrheit?"
„Plus/minus 100 Prozent, Bohnenstange. Die Bullen haben noch schlechter ausgesehen."
Er lacht.
„Wunderbar. Der Mord an Sam Sugo ist allerdings noch offen, wie?"
„Gewiss", sage ich und denke an sein Alibi. „Für diesen Posten in der Endabrechnung hat Butta Sie vorgemerkt."
„Wie furchtbar", jammert er, aber ich nehme ihm das Lamento nicht ab.
„Gibt es nichts Neues bei Ihnen?", frage ich. „Irgendwas Entlastendes?"
„Leider", jammert er weiter. „Keine Spur. Machen Sie voran."
Nicht ein Wort von der Nacht bei der Fahnenmaid! Kann man so einem etwa trauen?
„Mache ich", verspreche ich dennoch. „Wo stecken Sie denn?"
„Wird Ihr Telefon abgehört?"
„Keine Ahnung."
Ich weiß, worauf die Bohnenstange hinauswill. Gerade so kommt es.
„Dann ist es sicherer, Bell, wenn ich Ihre Frage nicht beantworte. Ich melde mich."
Sie will mich bei Laune halten, die gesuchte Bohnenstange. Sie bezahlt mich für eine Arbeit, die unnütz ist. Sie hat ja ihr Alibi. Die Fahnenmaid und Rosi würden es beschwören. Und die Fahnenmaid ist ein absoluter Zeuge. Welcher Richter würde ihre Aussage bezweifeln? Immerhin ist der Papa Steuerprüfer.
Die Wahlen nähern sich und die Bohnenstange spielt mit den Bullen Katz und Maus, obwohl sie es nicht nötig hätte.
Einen Sekundenbruchteil lang kann ich mir vorstellen, wie meinem Partner immer zumute sein muss – ich blicke nicht durch.
Wieder klingelt es. Ich bin dem Smartphone zu aufrichtigem Dank verpflichtet. Gott, in was für einer Stimmung bin ich,

mich mit Theo zu vergleichen!
Es ist Butta. Er hat mich lange aufgehalten in der vergangenen Nacht. Ich denke an seinen Blutdruck und sage: „Gerade hat Melloni angerufen."
Der Polyp enttäuscht mich. Er erwidert nur: „Egal. Komm her und sieh dir das an."
Er nennt eine Adresse und legt auf.
Einige lange Sekunden später sitze ich im Käfer und habe Angst. Neben mir sitzt Theo. Er sitzt nicht, er vibriert. Er schwingt. Er ist auf dem Kriegspfad. Er ist gefährlich. Er umklammert die Kanonen in seinen Taschen und sieht aus wie ein Konzentrat aller Bestien der Welt.
Er will zumindest so aussehen. Ich tue ihm den Gefallen und habe Angst. Auf dem Weg vom Büro bis ins Auto hat er den Briefträger und zwei Spiegel angeschossen. Theo ist in Hochform. Ein wahres Glück für den Briefträger, dass ich ihm nur Platzpatronen gebe.
Ich bin an allem schuld, weil ich gesagt habe, er dürfe mitkommen. Jetzt ist er gemeingefährlich, nur damit er morgen auf Seite drei erwähnt wird. Die Fahrt beruhigt ihn, ihm wird übel. In meinem Käfer! Auf die Art verdirbt er mir jede Freude.
Buttas Dienstwagen mit der doppelten Sitzverstärkung steht vor einem Reihenhaus, darum gruppiert ein paar Schaulustige, die aufgeregt diskutieren. Ein aufgewecktes Bürschchen klaut unterdessen die Reifenventile einer zweiten Bullenkutsche. Ich schenke ihm ein Päckchen Zigaretten.
Vor dem Haus wacht ein Uniformierter und kontrolliert mit Zeige- und Mittelfinger sein Gebiss. Auf dem Namensschild neben der Tür steht Laugo. Laugo! In meinem Kopf schlägt die Alarmglocke an. Luigi Laugo ist das aus der Formel gemixte Männchen mit den dicken Bullaugen, das zurzeit die Sugo-Werke leitet. Ausgerechnet hierher bestellt mich der Oberpolyp. Theo begreift die Zusammenhänge nicht. Er unterstützt den Uniformierten bei dem Versuch, einen vermissten Weisheitszahn aufzuspüren.

„Ist Butta im Haus?", frage ich. Der Zahnsucher gurgelt „Ja",
ohne die Finger aus dem Mund zu nehmen.
Mein Lieblingsplattfuß thront auf einem Sofa in einem
altmodischen Wohnzimmer und verfolgt desinteressiert die
Bemühungen seiner Experten.
„Was ist los?", erkundige ich mich. „Hast du zur
Abwechslung selbst eine Leiche aufgetan?"
Theo hört nur Leiche und schon leckt eine Stichflamme aus
seiner Jackentasche. Er ist wieder in Form, mein Partner. Die
Experten fallen vor Schreck in Ohnmacht.
Butta betrachtet Theo, schüttelt mit halber Kraft den Kopf und
wendet sich an mich.
„Keine Leiche. Doch knapp dran. Der mickrige Chemiker mit
dem Panzerglas vor den Augen – er liegt im Krankenhaus."
„Wie denn das?", will ich wissen.
„Ein vorgetäuschter Unfall. Sehr originell ausgedacht."
Er wälzt seine Massen vor mir her bis in ein Badezimmer mit
WC. Laugo muss die Einrichtung von seiner Großmutter
geerbt haben. Wanne und Klomuschel sind aus Gusseisen,
verschnörkelt wie Theos Liebesleben, aber viel sauberer.
„Was hältst du davon?", fragt Butta.
„Hübsch", sage ich, „wenn man Alteisen mag."
Er stößt einen Fluch aus und deutet auf ein Metallkästchen,
das neben der Schnörkelmuschel steht. Es ist ein kleiner
elektrischer Heizstrahler.
„Jemand hat sein Gehäuse unter Strom gesetzt", erklärt der
Polyp. „Es hat Kontakt mit der eisernen Muschel gehabt."
„Dann stand auch die Muschel unter Strom", steuert mein
kluger Partner bei. „Hat es keinen Kurzschluss gegeben?"
„Allerdings", bestätigt der Bulle. „Laugo löste ihn aus.
Stehend. Auf höchst natürliche Weise."
Es dauert eine Weile, dann dämmert Theo, wie der
Kurzschluss zustande gekommen sein muss. Er wird grau im
Gesicht, und, Leute, der gemeine Trick mit dem Strahler ist ja
wirklich ein besonders starkes Stück!
Butta weidet sich sichtlich an der Wirkung, die er bei meinem

Partner erzielt hat.
„Wie geht es Laugo?", frage ich.
„Der elektrische Schlag wäre nicht so schlimm gewesen, meint der Arzt. Aber der Schock scheint schlimm gewesen zu sein. Außerdem war der Bursche ziemlich voll. Es passierte irgendwann in der Nacht, er kam von einer Party. Seine Putzfrau hat ihn gefunden. Er war ohne Bewusstsein."
„Sieh einer an", sage ich. „Von einer Party. Ich dachte, das Kerlchen unterhielte sich nur mit Reagenzgläsern."
„Ungefähr so wird es auch gewesen sein", brummt Butta. „Es war eine Party des Chemie-Verbands."
Der Chemie-Verband!
Vor meinem inneren Auge formen sich Bilder: Sam Sugo mit Mellonis goldenem Feuerzeug, ein Telefonanruf, gute Freunde, Luigi Laugo, fleißig über seinen Papieren arbeitend, der Unschuldsengel, Dschungel und Steppe, Jane …
Ich versuche, die Bilder zu ordnen. Gerade im falschen Moment beginnt nun der Oberpolyp seine stachelige Seite hervorzukehren.
„Heute Nacht", setzt er an, „warst du so freundlich, mir einen Leichenberg und eine schlechte Presse aufzuhalsen, das Ganze garniert mit einer fantastischen Geschichte. Ich hatte keine Wahl, als sie vorerst zu schlucken, weil du ja dafür gesorgt hast, dass von den anderen Beteiligten keine Aussage zu erhalten war."
Im Hintergrund grollt längst der Donner, doch ich höre nur mit einem halben Ohr zu. In meinem Bilderpuzzle spießt sich ein Teilchen. Spießt es sich, weil das ganze Puzzle nicht zusammenpasst, oder hat es jemand manipuliert?
Ich sehe ein kühles Gesicht, dazu klingt eine kühle Stimme …
Buttas Stimme enthält Sturmboten.
„Die Reste im Säurebad kann deine Story leider nicht erklären. Melloni, der windige Rechtsverdreher, ist untergetaucht, seit sein Feuerzeug im Tank aufgetaucht ist. Zumindest das steht fest. Und er ist dein Klient!"
„Habe ich nie bestritten", sage ich geistesabwesend.

Jetzt entlädt sich das Gewitter.
„Verdammter Schnüffler!", brüllt der Polyp. „Der Chef der Umweltspinner legt Sugo um und verschwindet mit deiner Hilfe, als es brenzlig wird. Der provisorische Leiter der Sugo-Werke erleidet einen dubiosen Unfall, der ihn ebenfalls hätte umbringen können. Sag nicht, das wäre nur Zufall! Wo steckt der Kerl?"
„Kannst du mir eine Liste besorgen", frage ich, „wer noch auf der Party war?"
Einen Augenblick lang erinnert er stark an einen Karpfen: Mund offen, quellende Augen – der ganze intelligente Ausdruck.
Eine halbe Stunde später halte ich die Liste in der Hand. Außerdem habe ich ein Gespräch mit dem Luftballon geführt. Alles fügt sich ineinander, nur das eine Teilchen sperrt sich noch. Die Rechnung ist einfach: Entweder ich werde damit fertig oder meine Idee landet auf dem Abfall. Dann habe ich gute Chancen, ihr dort Gesellschaft zu leisten, denn Butta sieht aus wie ein Dampfkessel mit zu schwachem Ventil.
Ein Polypendoktor, der uns über den Weg läuft, versucht seinen Blutdruck zu messen. Die Nadel schnellt so rasch hoch, dass sie erst im Auge des Doktors zum Stillstand kommt.
Ich muss das Mädchen ganz schnell finden und kenne lediglich ihren Namen. Da geschieht ein Wunder: Theo macht sich nützlich! Den Tag werde ich dick im Kalender anstreichen. Leider, das schwant mir schon, wird er dort vereinsamen.
Im Übrigen ist das Wunder eine Folge seiner Fixierung. Theo hat sich gut informiert. Auf Anhieb nennt er die Adresse der Modelagentur, für die sie arbeitet.
Trotzdem wird es schwierig. Wir brausen mit dem Käfer plus Turbo kreuz und quer durch die Stadt, ehe wir Jane schließlich in einem Pelzladen antreffen. Sie posiert in schwarzen Netzstrümpfen und einem Hermelinumhang für den Fotografen. In sonst nichts. Theos Wasserfall rauscht.
Butta wirft den Fotografen hinaus und bricht dem lästigen

Ladenbesitzer den kleinen Finger, damit er zum Arzt muss und Ruhe gibt.
Es ist früher Nachmittag.
Pia Pfeffer, Fotomodell, Jane im Dschungel, Beweisträgerin und Farnkrauts Schatz steht vor uns und wundert sich, dass es eine Art Blick gibt, die selbst ein Profimodell noch peinlich berühren kann – Theos Blick.
Butta hält ihr seine Blechmarke unter die Nase und knurrt: „Pass auf, Kleine. Dieser Schnüffler sagt, du hättest ihm eine Geschichte über dich und Farnkraut erzählt. Nämlich die, dass du am Dienstag vor zwei Wochen in Farnkrauts Wohnung gewesen bist. Den ganzen Nachmittag und Abend. Du weißt doch, wovon ich rede?"
Die Beweisträgerin ist nicht der Typ, der sich von einem Stück Blech und einem schwitzenden Plattfuß einschüchtern lässt. Das erkennt man an ihren Augen. Die sind grau und warm wie Gebirgsbachkiesel. Doch Ärger für Nichts liegt ihr auch nicht.
„Ich weiß, wovon du redest, Bulle", sagt sie.
Ich grinse, als ich Buttas Adamsapfel sehe. Er tanzt wie ein Ball auf einem Wasserstrahl. Ich wende mich selbst an die Beweisträgerin.
„Das Alibi, das du deinem Freund gegeben hast, ist falsch, nicht wahr?"
„Welches Alibi?", fragt sie kühl.
Plötzlich ist mein Mund trocken.
„Du warst an dem Abend gar nicht bei ihm?"
„Ich war in seiner Wohnung", sagt sie langsam und sehr überlegt. „Das habe ich damals doch erwähnt. Allerdings habe ich zeitweise geschlafen. Ich war ziemlich müde."
„Verdammt!", fährt Butta dazwischen. „War Farnkraut bei dir oder nicht?"
In den grauen Bachkieseln erscheint eine Idee Spott.
„Woher soll ich das wissen, Bulle. Ich habe wirklich geschlafen."
„Ein Jammer!"

Das ist Theo. Die Beweisträgerin mustert ihn überrascht. Butta wird rot. Der Walfisch mit dem Polypenherzen ist prüde.

„Wenn der Rotgesichtige beispielsweise einen Spaziergang gemacht hätte", setze ich nach, „hättest du das gemerkt?"
„Nein", sagt sie schlicht. Ich atme auf. Pia hat keine Lust, einen vom Dach stürzenden Liebhaber im Erdgeschoss aufzufangen. Klug von ihr.

Das Nein schließt mein Puzzle. Ich bin fertig hier. Der Wasserfall noch nicht. Er steckt der Beweisträgerin eine Karte zu und rauscht: „Besuch mich, Süße. Ich erzähle dir dann alles."

„Da zieh ich mich wohl besser gar nicht um?", fragt sie ironisch.

„Ganz egal", erwidert mein Partner. „Das Wichtigste hast du ja dabei."

Fixiert! – aber ein Punkt für ihn.

„Gut", schnaubt Butta, als wir wieder im Käfer sitzen.
„Farnkraut hatte die Möglichkeit, Sugo zu beseitigen. Das trifft noch auf etliche Tausend andere Leute zu. Wahrscheinlich sogar auf mich."

„Sie waren es?", fragt Theo überrascht. Butta ignoriert ihn.
„Weshalb glaubst du, dass ausgerechnet er es getan hat?"
„Wir brauchen einen Haftbefehl", sage ich, „und einen Wisch, damit wir uns bei ihm umsehen dürfen."

Der fette Polyp fängt an zu zittern. Das ist nicht gut für meinen Oldtimer.

„Beruhige dich", sage ich, „ich erklär's dir ja. Du hättest selbst draufkommen können – vielleicht. Denk nur an das Verhältnis zwischen Farnkraut und der Dauerwurst. Dass sie zu haben war, ist bekannt, aber warum wollte er sie haben? Du hast Pia Pfeffer gesehen, oder?"

Butta wird wieder rot und im Fond meines empfindlichen Karrens rauscht ein Wasserfall. Ganz kurz fühle ich mich richtig unglücklich.

„Du hast sie gesehen", fahre ich fort. „Farnkraut muss einen

sehr triftigen Grund gehabt haben, sich mit der Dauerwurst einzulassen. Außerdem lebt er gern auf großem Fuß. Doch sein Urwald verwandelt sich in Steppe, seine Schuhsohlen sind so dünn, dass er jedes Staubkorn spürt, und er trinkt Fusel, mit dem Jäger Füchse vergiften. Sein Unternehmen, Farnkraut & Co, steckt in ernsten Schwierigkeiten. Unser Luftballon wird traurig, wenn er nur daran denkt."
„Na und?", knurrt Butta.
Ich spiele die nächste Karte.
„Der Luftballon sagt auch, Farnkraut & Co arbeitete am gleichen Verfahren wie die Sugo-Werke. Luigi Laugo behauptet, die Sugo-Werke hätten die Nase weit vorne."
Das interessiert den Oberpolypen.
„Ach ja? Die verschwundenen Geschäftsunterlagen. Meinst du dieses Verfahren?"
„Bravo Bulle! Das Tuch ist rot."
„Halt die Klappe!", schnauzt er. „Du vergisst etwas: Mellonis Feuerzeug!"
Teufel auch, Leute, ich hätte ihn nicht reizen sollen, denn jetzt wird es knifflig. Ich muss ihm die Story vom Unschuldsengel beibringen, ohne dass er mir die Haut über die Ohren zieht. Es ist nicht einfach.
„Sieh mal, Polyp", sage ich. „Wir sind doch alte Freunde."
Er schüttelt entschieden den dicken Kopf.
„Immerhin sind wir alte Bekannte", fahre ich fort, „und du willst Farnkraut erwischen."
„Spuck's aus", sagt er nur.
Da tische ich ihm die Geschichte auf, die der Unschuldsengel von seinem Besuch bei Sam Sugo zum Besten gegeben hat. Er rasselt lange mit den Handschellen. Er ist wütend, weil ich herausbekommen habe, von wem der Lippenstift stammt, und nicht er.
Zum Luftablassen schlage ich einen Kompromiss vor. Er ist einverstanden. Er schließt Theos Hals an Theos linken Fuß.
„Und jetzt, Schnüffler", knirscht er, „erzähle mir, wie es sich deiner Meinung nach abgespielt hat."

Ich muss noch eine Weile über unseren Kompromiss lachen, sammle dabei aber meine Gedanken.
„Ungefähr so", beginne ich. „Sugo erhält das Feuerzeug, entlässt den Unschuldsengel und geht in sein Büro zurück. Er weiß nicht: Soll er Melloni erpressen oder nicht? Wenn einer so im Kreis denkt, kommt er bald drauf, dass er nicht allein betroffen ist. Hätte Sugo den Luftballon um Rat gefragt, der wäre Feuer und Flamme gewesen. Doch er hat nichts Besseres zu tun, als seinen guten Freund Farnkraut anzurufen. Der kommt mit Vergnügen. Er wird durch das Seitentor eingelassen und Sugo erklärt ihm die Angelegenheit. Vielleicht steht der Safe offen, vielleicht öffnet er ihn, um Mellonis Feuerzeug zu verwahren ... Farnkraut, dem das Wasser bis zum Hals steht, erkennt seine Chance; jetzt ist auch er Feuer und Flamme."
„Er legt ihn um?"
„Eine Kleinigkeit für ihn. Er hat schon viel auf sich genommen, um den Sugo-Werken ihren Vorsprung abzujagen, denn das neue Verfahren würde ihn retten. Er hat sich sogar mit der Dauerwurst eingelassen, weil er hoffte, dass für ihn dabei etwas herausspringen würde – und nun ist er plötzlich allein mit Sugos Safe in einem leeren Gebäude ..."
„Und mit Sugo."
„Mit Sugo und mit Mellonis Feuerzeug. Niemand hat ihn das Gelände betreten gesehen. Farnkraut ist ein kräftiges Rotgesicht. Er schnappt sich Sugo und das Bohnenstangenfeuerzeug, geht in die Halle, die er gut kennt, und beseitigt den Abfall. Dann holt er sich den Safeinhalt und haut ab."
„Großartig!", schwärmt Theo, der Kompromiss. „Mit dem Hubschrauber?"
Butta hat eine Handschelle übrig. Er schließt noch einen Kompromiss.
„Wie willst du diese Story beweisen?", fragt er dann sachlich.
„Wir suchen Sugos Patentunterlagen – bei Farnkraut."
Der Polyp kichert plötzlich und meint, in der ganzen Stadt

wäre nur ich dumm genug, solche heißen Papiere bei mir aufzubewahren.
Ich sage, er sei ein fetter Affe, denn Farnkraut brauche die Papiere, um damit zu arbeiten, und ich frage, weshalb denn wohl Luigi Laugo kaltgestellt worden sei, wenn nicht, um die Patentanmeldung der Sugo-Werke weiter hinauszuzögern.
Auf der gestrigen Party hatte das Formel-Männchen seine diesbezüglichen Pläne laut hinausposaunt; unmittelbar darauf war Farnkraut gegangen. Mein Partner, der doppelte Kompromiss, grinst. Butta bezieht das auf sich, beseitigt die Handschellen und zieht dafür Theos Hut bis über Theos Mund. Gleich darauf halten wir vor dem zuständigen Gericht. Theo versucht immer noch, seinen Hut zu entfernen. Ich kann ihm nicht helfen, ich stehe im Parkverbot.
Wenig später schwabbelt der Oberpolyp heran und zeigt mir die nötigen Papiere. Er hält einen Blankohaftbefehl in der Hand. Wenn nicht Farnkraut, dann du, soll das heißen. Ich stülpe mir Theos Hut auf den Kopf und grinse.
In den folgenden zwei Stunden durchkämmen wir Farnkrauts Urwald. Zuerst pudelt sich der Schäferdackel auf, doch Butta fletscht kurz die Zähne und schon glaubt das Hündchen, es wäre Safari, und lässt sich nicht mehr blicken. Es ist eine langweilige Suche. Der Umstand, dass Theo sich dabei den Fuß verstaucht, heitert mich kaum auf. Wir finden nichts. Nächste Anlaufstelle ist das Betriebsgebäude von Farnkraut & Co. Auch hier sieht alles ein wenig schäbig aus. Der Portier in seinem schmutzigen Glaskasten passt dazu. Ein netter Kerl, das merkt man. Einer von der Sorte, die ihren Kaugummi lieber hat als ihre Frau, und sogar den Gummi spucken sie auf jeden Teppich, ohne weiter von ihm Notiz zu nehmen.
Butta bückt sich zu dem Sprechloch im Glaskasten.
„Wo ist Farnkraut?"
„Wieso?", fragt der Gummifreund schläfrig und kaut weiter.
„Wollen Sie ihm einen Antrag machen? Lassen Sie's besser bleiben. Der mag keine Kurzhaarblondinen mit Plattfüßen."
Ich muss lachen, doch der Polyp ist ohnehin gereizt und in

dieser Stimmung verteufelt schnell im Zugreifen. Er hört auch auf Greifer. Er packt den Dienstschlips und zieht den Kopf des Gummifreundes durch die Sprechöffnung.
„Wo ist Farnkraut?"
„Vorsicht, Mann", keucht der Portier. Man versteht ihn kaum. Es liegt nicht mehr am Kaugummi.
„Vorsicht. Lassen Sie mich los. Ich mag Blondinen ja, und auf Plattfüßen stehe ich selbst."
Zum zweiten Mal an diesem Tag zückt Butta die Blechmarke. Es macht ihm Freude. Dann lässt er den Schlips los. Der Gummifreund will zurücksinken, aber das funktioniert nicht. Sein Kopf steckt in der Sprechöffnung fest.
„Man sollte ihm die Ohren abschneiden", schlägt Theo vor. Butta nickt beifällig. Er begreift nicht, wann mein Partner Witze macht und wann nicht. Ich begreife das selbst nicht immer und bin glücklich darüber. Diesmal meint er es ernst, glaube ich. Der Gummifreund hat auch diesen Eindruck und wird blass.
„Ist Farnkraut im Haus?", erkundige ich mich.
„Nein", beteuert er diensteifrig. „Dem geht es wohl ans Leder, was?"
„Wo ist er?", fragt Butta. Theo sucht sein Taschenmesser.
„In seine Nobeljagdhütte gefahren, denke ich."
Unser Freund überschlägt sich fast vor Gesprächigkeit.
„In letzter Zeit fährt er oft dorthin. Ich weiß es von der Sekretärin."
Er kennt auch die genaue Lage der Hütte und verrät sie uns. Wirklich gerne verrät er sie. Theo sucht immer noch. Der Polyp verschwindet in Farnkrauts Büro und quetscht die Sekretärin aus. Der Gummifreund hat die Wahrheit gesagt. Ich habe nicht daran gezweifelt, ihm liegt viel an seinen Ohren.
Wir haben die Wahl, hier weiterzusuchen oder in die Jagdhütte zu fahren. Wir entscheiden uns für die Hütte.
Butta bestellt ein paar Uniformierte, die darauf achten sollen, dass wir nicht vorzeitig angekündigt werden.

„Was wird mit mir?", zetert der Portier, als wir ihn verlassen. Theo will gleich von der Sekretärin eine Nagelschere ausborgen. Er ist sehr hilfsbereit. Doch ich habe genug von den Verzögerungen, ziehe meine Kanone und schieße die Scheibe in Stücke. Der Gummifreund wirft mir einen dankbaren Blick zu, ehe er in Ohnmacht fällt. Ich bin auch hilfsbereit.
Butta besteht darauf, mit seinem Dienstwagen zu fahren. Ich habe nichts dagegen. Theo bleibt bei mir im Käfer.
Auf dem Weg durch die Stadt zeigt uns der Polyp, was alles in ihm steckt. Einem Jugendlichen, der beim Anblick seiner Polypenkutsche automatisch nach einem Stein greift, fährt er mit dem Vorderrad die Absätze ab.
Es ist nicht einfach, jemandem mit einem Rad die Absätze abzufahren und sonst nichts. Butta schafft es nie. Wie gesagt, es ist nicht einfach.
Der Zufall will, dass wir die Straße benützen, die nahe an Sugos Villa vorbeiführt. Nur halten wir diesmal nicht auf halber Höhe an.
Je weiter wir in die Berge vordringen, desto enger und steiler werden die Serpentinen. Neben mir hockt ein doppelt verdauter und wieder ausgeworfener Grünling. Theo hat keine Freude an Landpartien. Ich nehme mir fest vor, ihn öfter mitzunehmen.
So schnell wir auch sind, die Schluchten rechts und links füllen sich noch schneller mit den Schatten der hereinbrechenden Nacht. Es wird dunkel sein, bevor wir Farnkrauts Jagdhütte erreichen.
Butta ist es, der den Zufahrtsweg findet. Er findet ihn mit seinem rechten Kotflügel. Der kracht in Kilometerstein 69. Unmittelbar dahinter zweigt ein geschotterter Weg ab. Er führt uns durch ein Gewirr von Felstrümmern direkt auf einen kleinen Parkplatz.
Ein Wagen steht da. Butta klemmt sich hinter sein Heck, ich stelle mich daneben. Jetzt ist er gut aufgehoben, denken wir. Theo kriecht aus dem Käfer. Der Polyp streift ihn mit einem

Blick und entscheidet: „Sie bleiben hier. Halten Sie den Kerl auf, falls er entkommt."
Eine fast feinfühlige Umschreibung dafür, dass er Theo nicht dabeihaben will. Um ihm das trotzdem deutlich zu machen, grinst Butta, bis ihm das Öl aus den Mundwinkeln tropft – so fett.
Doch mein Partner merkt es nicht. Er nickt geschmeichelt und verdirbt dem Bullen damit die Laune.
Butta macht kehrt und stiefelt davon. Ich folge ihm. Vom Parkplatz zur Hütte schlängelt sich ein Fußweg. Von der Hütte sieht man nur den vorderen Teil, der ist unbeleuchtet. Aber er macht doch klar, dass es sich nicht um eine Hütte im herkömmlichen Sinn handelt. Das Ding, das vor uns aus der sich verdichtenden Dämmerung ragt, hat die Form eines schräg in den Hang gedrückten Würfels. Von den herumliegenden Felsbrocken unterscheidet es sich allein durch den Windfang, in dem der Weg endet. Butta sucht nicht erst eine Glocke, er schlägt gleich mit der Faust gegen die Tür. Aus der Hütte dringt kein Laut. Irgendwo links ächzt eine windgeplagte Föhre, die sonst wenig zu melden hat.
Der Polyp angelt sich eine seiner Kanonen, packt sie am Lauf und hebt den Kolben, um damit zuzuschlagen. In dem Moment schwingt die Tür nach innen. Es gibt einen halblauten Krach, als der Kolben auftrifft, und einen lauten, weil gleich darauf Farnkraut zu Boden geht. Ich kann gerade noch zur Seite springen, sonst wäre er mir direkt in die Arme gefallen.
„Blödmann", knurrt Butta und meint nicht etwa sich selbst.
„Stehen Sie auf. Wir haben einen Durchsuchungsbefehl."
„Eine Lawine mit Durchsuchungsbefehl", stammelt Farnkraut, „die anklopft, das ist selten."
Damit kippt er endgültig um und schweigt.
„Suchen wir eben", meint Butta. „Reden können wir später. Ich hoffe für dich, wir finden etwas. Sonst warst du es, der ihn lahmgelegt hat."
So ist das.

Ich gehe ins Haus und merke, dass es viel größer ist, als ich angenommen habe. Ich sehe mich oberflächlich um, bis ich ein Zimmer finde, in dem ein Schreibtisch steht. Der Tisch ist übersät mit Papieren, die Papiere mit Formeln und Berechnungen. Auf vielen Bögen prangt das Firmenzeichen der Sugo-Werke. Damit ist Farnkraut geliefert.
Ich drehe mich um und will hinaus und pralle schon nach einem halben Schritt gegen ein verschwitztes Fettgebirge.
„Wo ist der Kerl?", frage ich.
„Wo schon?", murrt das Fett. „Der liegt im Eingang und schnarcht."
In dem Moment knallt deutlich hörbar eine Tür! Ich schwöre, ich würde auf der Stelle zehn Erbtanten darauf setzen, dass sie nicht von innen zugeschlagen worden ist. In den Knall hinein dreht sich zweimal ein Schlüssel.
Butta stößt einen Schlachtruf aus und holt Anlauf. Den Schlachtruf hat er von den Nilpferden, die ihm manchmal Grüße mit Foto senden. Den Anlauf hat er alleine gelernt. Der taugt auch nichts. Es klatscht laut, als er sich gegen die massive Tür wirft. Ich steige über ihn hinweg, nehme den zweiten Schlüssel vom Haken und sperre auf.
Draußen heult ein Motor. Blech kreischt, der Motor heult nochmals, und ein Wagen entfernt sich. Mit der Stablampe beleuchte ich die Szene. Dem Käfer ist nichts passiert!
Ich bin ordentlich erleichtert.
Buttas Dienstkutsche ist vorne, dort wo Farnkraut sie mit seinem Kübel weggeschoben hat, ziemlich ramponiert. Mit dem Hinterteil umarmt sie innig einen Felsen.
Neben mir knirscht jemand mit den Zähnen. Es ist der Polyp, den nicht nur dieser Anblick schmerzt.
„Wo ist dein gottverdammter Partner?", knirscht er. „Dieser Jammerlappen!"
Ja, wo ist Theo? In der Sorge um mein Auto habe ich ihn vergessen. Doch auch er ist unversehrt. Er hat ein wenig abseits gewartet und sagt nun mit Begeisterung in der Stimme:
„Toller Wagen! Hat Ihren weggewirbelt wie eine

Schaumflocke, Kommissar."
Butta keucht.
„Das war Farnkraut", belehre ich meinen Partner. „Sam Sugos Mörder. Er ist geflüchtet."
„Tatsächlich?", fragt Theo desinteressiert. „Mach dir keine Sorgen, der kommt nicht weit."
Er deutet nach unten. Ein Scheinwerferpaar taucht auf und rast mit Höllentempo durch die Kurven. Rechts, links, rechts, links, immer schneller. Dann dreht es sich abrupt zur Seite, starrt einen Augenblick senkrecht nach oben, senkt sich anschließend mit immer noch zunehmender Geschwindigkeit und verschwindet plötzlich.
Ich zähle die Sekunden. Bei sechs erhellt eine gewaltige Explosion den oberen Teil der Schlucht. Gleich darauf rollt der Schall die Felswände hoch und kehrt als Echo zurück. Der Lichtblitz fällt zusammen, nur mehr der Schein eines großen Feuers tief unten ist zu sehen.
„Verrückt!", sagt der Plattfuß. „Vollkommen verrückt! Zuerst haut er ab, dann rast er in die Schlucht."
„Was hätte er machen sollen?", erkundigt sich Theo harmlos. „Ohne Bremsen."'
„Ohne Bremsen?", fragt Butta. Ich habe eine Vorahnung.
„Natürlich", bestätigt sie mein Partner. „Ich habe den Schlauch mit der Bremsflüssigkeit abgerissen."
Minutenlang versucht der Polyp etwas zu sagen. Es gelingt ihm nicht. Theo hat ihn sprachlos gemacht.
Endlich gibt er auf. Mit schweren Schritten geht er zu seiner Blechruine, bringt mit Mühe die Tür auf, startet und löst sich vom Felsen.
„Einen Moment", sagt Theo.
„Was denn noch?", fragt der Oberbulle müde. „Einer muss ja eure Leichen einsammeln."
„Schon ...", fährt mein Partner zögernd fort. „Nur – ich wusste ja nicht, welchen Wagen er nehmen würde. Deshalb habe ich bei allen die Schläuche abgerissen."
Das Mobilnetz funktioniert hier nicht. Wir finden weder

Telefon noch Bremsflüssigkeit in Farnkrauts Hütte, und Buttas Funkanlage ist im Eimer.
Es wird ein langer Marsch.

Zehn Wochen danach

Vic Melloni, die überschlaue Bohnenstange, ist auf seinem Alibi sitzen geblieben. Er wollte es kurz vor dem Wahltermin aus dem Hut zaubern und sich als armes Behördenopfer präsentieren.
Das ist ihm gründlich misslungen, genau wie die Wahl. Blaue Wiesen gefallen den Bürgern von Monakree eben besser.
Sally Sugo wurde mit der Kanone des Majors Greifenkopf umgelegt. Als der mit seiner fidelen Nachbarin die Schnabelnase zeugte, hatte nämlich sein persönlicher Albtraum begonnen. Im Testament seines Vaters gab es eine Klausel, die festlegte, dass ein Großteil des Erbes an einen allfälligen Enkel fallen würde. An seinem 21. Geburtstag. Die Schnabelnase stand kurz davor. Sie wusste allerdings gar nichts von ihrem Glück, ebenso wenig wie Sally Sugo. Er hat sich einfach in etwas hineingesteigert, der Greifenkopf. Und das endete böse.
Sam Sugos Tod ging tatsächlich auf Farnkrauts Konto. In der Berghütte fanden sich alle Unterlagen aus Sugos Safe, die sein netter Kumpel zum Patent anmelden wollte, um die eigene Firma zu retten. Auch das fiese Attentat auf Sugos Chefchemiker arrangierte Farnkraut, der damit Zeit gewinnen wollte.
Letztlich habe ich das alles herausgefunden. Mein Ruf wäre deshalb besser denn je, wenn nicht Theo nach wie vor Visitenkarten verteilen würde, auf denen auch mein Name steht.
Der Kristallgewittertempel-Unschuldsengel hat verkraftet, dass die Fahnenmaid sich auf die Bohnenstange hisste. Er hat Verlobten Nr. 9 aufgegeben und mit der Nr. 10 Ringe getauscht. Heute hat der Mann einen Termin bei mir. Ich möchte ihn dazu bewegen, eine Lebensversicherung zu meinen Gunsten abzuschließen. Ich weiß nicht, ob es mir gelingen wird. Er ist in der ganzen Stadt gefragt und kann verlangen, so viel er will.

Wir benötigten damals übrigens eine volle Stunde, bis die Netzverbindung wieder funktioniert hat. Ich hätte nie geglaubt, dass Theo Butta und mich so lange würde tragen können.

Weitere Bergmann-Krimis

Die Leiche ist halb durch
Fall Nr. 1 der Reihe „Privatdetektiv Jingle Bell"
Für einen Typen, der Jingle Bell heißt, ist das Leben nirgendwo einfach. Aber ich liebe es.
Eiswürfel im Whisky liebe ich nicht. Trotzdem dachte ich, alles darüber zu wissen, was man halt so darüber wissen kann. Aber dass man mir im Herzen Monakrees einen angebratenen Eiswürfel serviert – das ist mir noch nie passiert.
Da muss ich mich wohl auf die Socken machen, ist ja mein Beruf als Schnüffler, und ich stoße auf schöne Frauen und üble Gangster.
Verdammt schöne. Verdammt üble.

Der Berufserbe – Chefinspektor Falks Sündenfall
Fall Nr. 1 der Reihe „Kärntner Mordsbullen"
Wie weit darf ein Polizist gehen, der von der Schuld eines Mannes überzeugt ist, ihn aber nicht vor Gericht bringen kann?
Chefinspektor Falk, leitender Ermittler der Kripo Klagenfurt, übernimmt einen scheinbar unspektakulären Fall. Ein pensionierter Rechtsanwalt bricht sich bei einem Sturz auf der Kellertreppe das Genick. Fremdverschulden scheint ausgeschlossen. Bis ein anonymer Brief eintrifft, der auf das ungewöhnliche Sexualleben der 30 Jahre jüngeren Gattin des Opfers hinweist. Falk stattet ihr einen Besuch ab, der ihn rasch in die weitverzweigten und ziemlich stacheligen Netze einer wohlhabenden Familie führt. Über zwei Jahrzehnte hinweg zog einer ihrer Angehörigen Erbschaften an wie ein Magnet. Ein Zufall?
Der Chefinspektor riskiert sehr viel, um diese Frage zu beantworten.

Der gelbe Gladiator – Chefinspektor Falks Fingerfall
Fall Nr. 2 der Reihe „Kärntner Mordsbullen"
Auch Kriminalbeamte kämpfen mit den Tücken der Liebe und mehr noch mit jenen der Bürokratie. Chefinspektor Falk kommt ein neuer Fall nicht ungelegen. Beim Entrümpeln eines Dachbodens finden Arbeiter ein Schmucketui. Drinnen liegt ein mumifizierter weiblicher Finger. Prof. Norobosco, führender Forensiker in Klagenfurt, meint, dass er vor fünf bis zehn Jahren abhanden gekommen sein müsse. Abhanden. Der Professor mag solche Wortspiele.
Falk macht sich auf die Suche nach der dazugehörigen Frau. Das erweist sich als schwierig. Dann wird im selben Haus ein Doppelmord begangen. Der Finger tritt in den Hintergrund, doch Falk ist klar, dass zwischen beiden Fällen ein Zusammenhang besteht, der ihn auf die richtige Spur führen wird.

Die Melodie der Walnuss – Chefinspektor Falks Hexenfall
Fall Nr. 3 der Reihe „Kärntner Mordsbullen"
Chefinspektor Falks Ex-Kollege Lacher stößt bei einem Waldspaziergang auf eine grausam zugerichtete Frauenleiche. Rasch stellt sich heraus, dass die Tote Jahre zuvor als vermisst gemeldet worden war. Ermordet wurde sie aber nur Stunden vor ihrer Entdeckung.
Wo hielt man sie gefangen?
Warum taucht sie jetzt auf, nachdem längst niemand mehr nach ihr suchte?
Ausgerechnet Lacher hatte den Fall damals bearbeitet. Woher stammen seine Erinnerungslücken?
Diesmal bekommt es Falk mit einem Serienmörder zu tun, der seine Opfer nicht einfach aus einer perversen Lust heraus entführt, foltert und tötet, sondern damit auch eine rätselhafte Botschaft übermitteln will. Es erleichtert die Aufgabe des Chefinspektors nicht, dass sein Freund scheinbar tief in den Fall verstrickt ist

Club der Harlekine – Chefinspektor Fuchs in Wien
Fall Nr. 4 der Reihe „Kärntner Mordsbullen"
Chefinspektor Fuchs ermittelt in Wien: temporeich, spannend und hintergründig humorvoll.
Der Fingerabdruck eines mehrfachen Mörders, den er seit Langem sucht, ist in der Bundeshauptstadt aufgetaucht – auf der Hülle eines äußerst verstörenden Videos. Rasch muss Fuchs erkennen, dass ihm nicht nur der Gesuchte sein Spiel aufzwingen will, auch ein Teil der Wiener Kollegen verhält sich alles andere als kooperativ. Ihm zur Seite stehen ein Oberst aus Granit, ein exzentrischer Privatdetektiv und eine tschetschenische Kriegerin. Bunte Truppe.
Dann gerät sogar Fuchs selbst unter Verdacht. Mit einem Mal geht es ganz im Wortsinn so heiß her, dass sein Leben keinen Wiener Kreuzer mehr wert scheint.
Ist der Fuchs schlau genug, um sich aus der tödlichen Falle zu befreien?

Die blutige Puppe – Chefinspektor Fuchs auf der Jagd
Fall Nr. 5 der Reihe „Kärntner Mordsbullen"
In den Gurktaler Alpen baumelt eine blutverschmierte Schaufensterpuppe von der Leiter eines Hochstands. Eine Drohung? Ein geschmackloser Scherz? Keine Aufgabe jedenfalls für den Klagenfurter Chefinspektor Fuchs, Spezialist für Gewaltverbrechen. Nur ist der Eigentümer des Hochstands samt riesiger Eigenjagd rundum, ein Freund von Fuchs' Vorgesetztem – und der schwer verkaterte Chefinspektor froh, aus der heißen Stadt in die frische Bergluft zu entkommen.
Das Blut ist lediglich Kunstblut, doch die Puppe beunruhigt ihn. Umso mehr, als der Puppenspieler keinerlei verwertbare Spuren hinterlassen hat. Und so gut die Luft dort oben auch sein mag, es liegt einige Spannung darin. Spannung entlädt sich – und Gewitter in den Bergen sind eine tödliche Gefahr.

Das Möbiusband – Chiara Fontana

Wie harmlos kann ein Ereignis sein, das unübersehbare, fatale Folgen nach sich zieht? Nun, so harmlos wie ein Sonntagsausflug zum Beispiel. Chiara und ihr Freund Antonio entdecken nahe Florenz eine Skulptur mit bemerkenswerten, fast beängstigenden Fähigkeiten. Rasch interessieren sich dafür höchst unterschiedliche Gruppen, die eine Gemeinsamkeit aufweisen: Sie gehen so ungerührt über Leichen wie brave Bürger über ein Holzbrückchen im Park. Aber auch brutale Mörder erleben in diesem Fantasy-Thriller ihre wahren Wunder – wenn auch meist nur für sehr kurze Zeit.

Dicke Liebe – Irrwitzige Kriminalstories

Dicke Liebe ist eine Sammlung von 25 irrwitzigen Kriminalstories, die samt und sonders an Abgründe führen, ohne diese Abgründe übermäßig ernst zu nehmen. Aus unterschiedlichen Perspektiven werden nicht alltägliche Begebenheiten kriminellen, skurrilen, komischen und grotesken Inhalts erzählt.

Ob es darum geht, was liebende Menschen sich selbst und anderen anzutun bereit sind oder um die verblüffenden und manchmal erschreckenden Konsequenzen von Eitelkeit, Gier, Überheblichkeit, letztlich Dummheit, stets wird der Leser daran erinnert, dass der Reiz des Lebens und des Lesens gerade in den unerwarteten Wendungen liegt.

Tore des Bösen – Kärnten-Thriller

Das Dorf am Rande des Hügellandes, mit seiner kleinen Kirche und den beiden Gasthäusern kaum den Punkt auf der Landkarte wert, war zu neuem Leben erwacht. Doch einer seiner Bewohner hat schlimme, blutrünstige Träume. Er leidet und schweigt. Nicht jedes Schweigen ist Gold. Dennoch geht vorerst alles seinen gewohnten Gang. Dann verschwindet ein Mädchen und kurz darauf beginnt eine Mordserie, die keinen Stein auf dem anderen belässt. Tore des Bösen öffnen sich dem Leser. Liebe, Leidenschaft, Verschlagenheit und uralter, aus längst vergessenen, dunklen Quellen genährter Hass sind die Elemente dieses ungemein spannenden Thrillers. Ein Genuss für alle Freunde des Genres, ein Muss für alle Vertrauensvollen, die ihre Wohnungstür gelegentlich noch unversperrt lassen. Prädikat: Wertvolle Nachtlektüre!

www.peter-bergmann.at